AF400963

L. FRIÉ
Chef de Bataillon

Albi, le 11 janvier 1912

La guerre Balkanique

CONFÉRENCE DE GARNISON

Imprimerie Paul VIALA, — Castres

AVANT-PROPOS

L'Association est heureuse de donner un témoignage de reconnaissance aux deux Directeurs des Écoles d'Instruction d'Albi et de Castres, en faisant publier deux des magnifiques conférences faites pendant l'année.

« La Guerre des Balkans », par le Commandant Frié, du 15e régiment d'infanterie, et « L'Aviation Militaire », par le Commandant Tisserand. du 9e régiment d'artillerie, ont été des sujets d'une actualité pleine d'intérêt et tous les officiers qui ont entendu les deux éloquents conférenciers demeurent encore sous le charme des détails traduits par leur parole autorisée. Du reste, la lecture de ces pages permettra de juger que ces éloges sont au-dessous du vrai.

Pour les auditeurs elle rappellera l'agréable souvenir des Écoles d'instruction de cet hiver ; pour ceux qui n'ont pu venir à Albi ou à Castres, elle fera naître un regret : celui d'avoir été absents. et un désir : celui d'être assidus l'an prochain. A tous elle sera d'une utilité incontestable.

L'Association, en renouvelant aux Commandants Frié et Dedieu-Anglade ses respectueuses félicitations, leur dédie ce bulletin, comme une marque de profond attachement et pour leur prouver aussi qu'elle tient à ne rien perdre de leurs savantes leçons.

La Guerre Balkanique

On a tant écrit sur la question balkanique, qu'il me semble téméraire de prendre aujourd'hui la parole pour vous entretenir d'un sujet sur lequel tout ou à peu près tout a déjà été dit.

De remarquables ouvrages, tels :

La Question d'Orient　　　de M. Ed. Driault ;
Pro Macédonia　　　de M. Gaston Bérard ;
Le Sultan, l'Islam et les Puissances　　　du même auteur ;
Jeune Turquie et Vieille France　　　de M. Alfred Durand ;
La Bulgarie d'hier et de demain　　　de M. de Launay ;
Nous mettent au courant de la politique des différents Etats et des mœurs particulières à chaque population ; ils nous dévoilent les origines du conflit balkanique.

Ils nous font connaître l'importance des groupements sur lesquels se sont exercés les propagandes serbe, bulgare et grecque ils nous montrent ce que furent ces propagandes nationales, le but qu'elles poursuivaient et l'action révolutionnaire qui les accompagnait ;

Ils nous font assister aux douloureux évènements de 1897 à 1903, à l'action russe, au memorandum bulgare, à l'intervention navale des grandes puissances, et à l'établissement du contrôle européen en Macédoine.

Ils nous initient à la main mise de l'Allemagne dans les conseils de la Sublime-Porte et à l'entreprise colossale des chemins de fer asiatiques ;

On y trouve les sources du mouvement insurrectionnel de 1909 - 1910, dont les auteurs n'ont cessé depuis 30 ans de préparer les chances ds réussite ;

Ils nous apprennent encore comment cette révolution

Jeune-Turque, après avoir soulevé bien des enthousiasmes, retomba vite dans le « *Turquisme* » pour le plus grand profit de l'Allemagne ;

Ils nous font connaître enfin l'histoire du plus important de ces peuples, de celui qui sera l'entraîneur de ses voisins ;

Ils nous comptent son histoire depuis ses origines, avec son long martyre, ses réveils, ses révoltes, ses aspirations continuelles vers un avenir de liberté ;

Ils nous font comprendre que le soldat bulgare est un être à la fois sobre et patient, farouche et discipliné, possédant au plus haut point, avec le sens de l'offensive, l'esprit de sacrifice et le mépris tranquille de la mort.

Je renvoie à la lecture de ces intéressants ouvrages ceux d'entre vous qui voudraient se documenter à fond sur la question balkanique.

Ma conférence, beaucoup plus modeste, portera uniquement sur la guerre actuelle des Balkans ; j'en relaterai les causes immédiates ; j'examinerai les divers théâtres d'opérations ; j'exposerai la situation militaire des belligérants ; puis, en attendant que des relations officielles en donnent un compte rendu exact, je tâcherai de débrouiller au milieu du fatras de dépêches contradictoires, de comptes rendus controuvés, de communiqués plus ou moins sensationnels, ce que fut la mobilisation des armées opposées ; comment fut opérée leur concentration ; examinant ensuite chaque théâtre d'opérations à tour de rôle, j'y étudierai la série des opérations de chacune des armées en présence, pour en déduire, en un chapitre final, les enseignements que nous devons en tirer.

CHAPITRE 1er

Les causes du conflit

Le drame sanglant qui vient de se dérouler dans ce qui fut la Turquie d'Europe, était déjà depuis longtemps, comme une épée de Damoclès, suspendu sur la tête des puissances européennes.

Il était à craindre effectivement que les Etats, où les questions politiques s'enchevêtrent aux questions religieuses, où les intérêts les plus divers et les plus opposés sont en contact perpétuel, n'engagent un jour ou l'autre une lutte qui, en dépit de l'intervention de l' Europe, devait fatalement éclater tôt ou tard.

Races et religions. — Pour bien comprendre la diversité des populations de la Macédoine et l'effet des diverses propagandes nationales, serbe, bulgare et grecque, il faut connaître la distinction des groupements, fondés sur la nationalité et ceux fondés sur la religion.

Au point de vue des races, la Macédoine abrite :

Des Slaves (se disant Serbes ou Bulgares).

Des Gréco latins (représentés par des hellènes et des roumains).

Des Albanais.

Des Turcs (race conquérante venue d'Asie).

Des Israélistes (venus d'Espagne et de Portugal).

Au point de vue religieux, on y trouve :

Quelques albanais catholiques (10 à 15.000 environ).

Des musulmans (Turcs et Albanais).

Des Israélistes.

Des Chrétiens non Catholiques (Grecs orthodoxes et Slaves).

Quelle est l'importance de chacun de ces groupements ?

Les avis sont très partagés ; mais, si l'on en croit une sta-

tistique donnée par la gazette de Francfort (1/ Juillet 1910
on compterait :

190.000 irraélites
1.500.000 albanais
1.500.000 turcs
100.000   roumains
2.000.000 de grecs
700.000 serbes
900.000 bulgares

} Chrétiens Orthodoxes { patriarchistes

exarchistes

Comme on le voit, dans l'ensemble, les chrétiens forment la grosse majorité.

Propagandes nationales. — C'est à ces chrétiens de Macédoine, que le traité de Berlin avait garanti des réformes, afin de leur assurer, sous la domination du sultan, un régime administratif tolérable. Ces promesses ne furent jamais tenues par les Turcs ; c'est pourquoi les gouvernements de Sofia, Athènes et Belgrade commencèrent en Macédoine et dans les régions soumises à leur influence, de propagandes nationales, ayant pour but :

1° d'obtenir la réalisation des réformes promises ;

2° d'attirer sur le sort des chrétiens de Macédoine, l'attention des puissances de l'Europe ;

3° de gagner le plus possible de partisans à leurs causes nationales respectives, afin de mieux préparer les annexions futures, lorsque « l'homme malade » viendrait à trépasser.

La propagande bulgare, admirablement dirigée par *l'exarque* bulgare, Mgr. Joseph, ancien docteur en droit de la Faculté de Paris, qui, par pur patriotisme, entra dans les ordres, a gagné à la causse une grosse partie de la Macédoine.

La propagande serbe, rejetée vers le Sud après l'annexion de la Bosnie Herzégovine, peuplée de serbes, par l'Autriche, a obtenu d'importants résultats en Vieille Serbie et dans la région Uskub-Monastir.

Quant aux Grecs, leur propagande s'est étendue sur l'Epire, sur la Thessalie jusqu'à Salonique et la Chaleidique.

Enfin, la Roumanie revendiquerait 80 à 100.000 Roumains, enclavés dans la Macédoine ; mais trop loin pour se les annexer, elle aurait, dit-on, abandonné cette revendication et promis sa neutralité à la Bulgarie, moyennant une rectification de frontière qui concèderait à la Roumanie, les places de Silistrie et de Choumla.

Du reste, il faut ajouter que ces propagandes nationales, sous l'effet de l'oppression *hamidienne,* se sont doublées d'une action révolutionnaire, s'exerçant au moyen de bandes armées; commandées par des officiers de ces divers Etats et agissant, non seulement contre les Turcs, mais aussi contre les éléments chrétiens adverses.

Le Régime turc en Macédoine. — Or, c'est sur ces populations chétiennes, profondément divisées par la passion religieuse, que la Turquie a fait peser, depuis le traité de Berlin, un joug écrasant. Assassinats impunis, arrestations arbitraires, exils en Asie-Mineure, fermes incendiées, femmes et jeunes filles violées, enfants mutilés, ont suscité tant de haine au cœur des chrétiens de Macédoine, qu'un grand nombre d'entre eux, fous de désespoir, n'ayant plus rien à perdre et assoiffés de vengeance, ont formé des bandes terroristes grecques, serbes ou bulgares qui ont exercé sur les Turcs des représailles terribles et attiré l'attention de l'Europe sur le sort lamentable de la Macédoine.

En 1902, l'oppression turque fut tellement intolérable que les populations les plus paisibles elles-mêmes se soulevèrent.

Les Puissances s'émurent cependant et, en 1903, la Porte comprit qu'il fallait tenir compte des réclamations de l'Europe. La Macédoine fut alors dotée d'un inspecteur général *Hussein Hilmi Pacha* et de deux contrôleurs ; un russe et un autrichien ; de plus un certain nombre d'officiers européens entrèrent dans les cadres de la gendarmerie macédonienne.

Telle fut l'origine du contrôle européen en Macédoine.

En 1905, fut créée une commission internationale chargée

d'organiser l'administration financière.

En 1907, la Russie et l'Autriche élaborèrent un projet de réforme de l'administration judiciaire ; mais, l'entente ne put s'établir entre les deux gouvernements. La Russie se tourna alors vers l'Angleterre, et lors de l'entrevue de Revel, en 1908, le roi d'Angleterre et le Tzar se mirent d'accord sur l'extension qu'il convenait de donner au contrôle européen en Macédoine.

Cette nouvelle, aussitôt connue, affola les comités Jeunes Turcs qui, sous prétexte de relèvement de la Turquie, travaillaient au renversement d'*Abdul-Hamid* le sultan rouge.

Les jeunes turcs se dirent que s'ils attendaient encore, l'intervention de l'Europe améliorerait la situation en Macédoine d'une façon telle qn'il n'y aurait plus lieu d'intervenir.

Quarante cinq jours plus tard, le 24 juillet 1908, éclatait la révolution Jeune Turque qui devait rénover l'empire ottoman.

Influence de la révolution Jeune Turque. — La proclamation de la constitution ottomane exerça une action extraordinaire en Macédoine ; pendant 6 ou 8 mois, chrétiens et musulmans fraternisèrent : une ère de liberté semblait s'ouvrir ; lez chefs des bandes chétiennes, confiants dans les promesses des Jeunes Turcs, vinrent volontairement déposer les armes.

De leur côté, les Puissances, faisant crédit aux Jeunes Turcs, enchantées d'autre part de se débarasser d'une tutelle aussi délicate, consentirent à défaire ce qu'elles avaient eu tant de peine à créer de 1903 à 1908.

Cet état de choses ne dura pas longtemps et, quelques mois après, le naturel des Jeunes Turcs avait reparu ; leurs suspicions à l'égard des chrétiens se manifestèrent par leur violence à les désarmer ; par le retrait des droits concédés aux écoles chrétiennes ; et surtout par la tentative de création artificielle de majorités musulmanes ou installant au sein des masses chrétiennes des émigrants musulmans qu'on fit venir *d'Asie* et de *Bosnie-Herzégovine.*

La désillusion des chrétiens fut d'autant plus forte que leur bonne foi avait été plus complète ; leurs anciennes colères se réveillèrent plus terribles que jamais devant un état de choses qui, fin 1910, rappelait les plus mauvais jours du « Sultan rouge ».

L'union des chrétiens de Macédoine et l'accord des Etats Balkaniques. — C'est à ce moment, fin 1910 commencement 1911, que se produisit le fait le plus extraordinaire, le plus inattendu de cette confuse question : *l'union des chrétiens de Macédoine.*

A la stupéfaction des Jeunes Turcs qui n'en pouvaient croire leurs yeux, l'accord se fit rapidement entre les enne mis de la veille ; leur entente fut suivie d'un rapprochement des gouvernements de Sofia, de Belgrade et d'Athènes. C'est ce rapprochement politique qui aboutit aux conventions balkaniques de Mars 1912 *(bulgaro-serbe),* de Juillet 1912 *(bulgaro-grecque)* et *(bulgaro-monténégrine)* complétées par des accords militaires que les préparatifs suivirent immédiatement et qui stipulaient que si la Turquie n'accordaient pas des réformes radicales et immédiates; les hostilités commenceraient fin septembre, après les récoltes

La mobilisation des Etats balkaniques — Dans le courant de septembre, des notes comminatoires furent échangées entre les Etats alliés et la Turquie. De part et d'autre on constatait des préparatifs belliqueux, lorsque le mardi 1er octobre, on apprit en Europe que les gouvernements bulgare et serbe, liés par un accord secret, venaient de décréter la mobilisation générale de leurs forces ; quelques jours après, on apprenait encore que la Grèce et le Monténégro mobilisaient à leur tour et que l'accord entre les quatre Etats balkaniques était parfait.

Ce fut un coup de tonnerre dans un ciel orageux. Par une note officielle, adressée aux Puissances et à la Porte la Bulgarie, au nom des quatre Etats alliés, invoquait dans l'exposé de ses griefs : *1º les récentes dispositions prises par le gouvernement ottoman qui, sous prétexte de manœuvres, se livrait, en Thrace, à une réelle mobilisation de nature à faire craindre une agression ottomane ;*

2º la situation intolérable qui était faite aux populations chrétiennes de Macédoine.

Dès le lendemain, la Turquie répondait par la mobilisation générale de ses forces de terre et de mer, et adressait à son tour aux puissances une note circulaire protestant contre l'attitude des Etats balkaniques.

Les Puissances, sur l'initiative de *M. Poincaré, président du Conseil des ministres en France,* cherchent alors à intervenir pour éteindre le foyer d'incendie qui menace de gagner toute l'Europe, ou tout au moins, pour localiser le conflit ; mais, leur intervention, retardée par les objections et les contre propositions de l'Autriche, qui semble cacher son jeu, se produit trou tard.

Le 8 octobre, lorsque la Note des Puissances fut enfin remise aux Etats balkaniques, le Monténégro, peut être poussé par l'Italie, avait déjà déclaré la guerre à la Turquie depuis quelques heures, rappelé son ministre à Constantinople et remis ses passeports au ministre turc à Cettigné.

Jusqu'alors, l'opinion publique en Turquie n'avait pas accordé trop d'importance aux mouvements belliqueux qui se manifestaient dans les Balkans, car la Turquie était plus ou moins en lutte perpétuelle avec les petits Etats balkaniques.

Depuis la grande insurrection de 1903, il ne s'était pas, en effet, passé une seule année sans que le gouvernement n'ait été obligé de convoquer certaines classes de rédifs, pour guerroyer dans les montagnes de Macédoine, contre les bandes organisées, à la solde des bulgares, des serbes ou des grecs.

La proclamation de l'indépendance bulgare et de l'annexion à l'Autriche de la Bosnie Herzégovine avaient nécessité des mesures plus sérieuses que d'habitude et le déploiement de forces importantes ; mais toutes ces escarmouches, toutes ces expéditions n'avaient jamais pris le caractère d'une guerre ouverte.

Aussi l'iradé du 1er octobre, produisit-il une profonde impression ; on comprit que c'était le grand jeu qui allait se jouer et que, de cette guerre, sortirait une paix durable et féconde ou bien la ruine définitive de la puissance ottomane en Europe.

Fort du loyalisme et du patriotisme dont la population semblait donner des preuves journalières, le gouvernement Jeune Turc adoptait une attitude rigide aussi bien devant l'Europe qu'en face des alliés.

C'est ainsi qu'il refuse de discuter avec les Puissances les réformes à introduire en Macédoine ; qu'il refuse de s'incliner devant les exigences des Etats balkaniques et qu'il prend, pour recouvrer la libre disposition de ses troupes d'Asie Mineure et la force agressive de sa flotte, la décision capitale d'en finir avec l'Italie, en signant le traité de Lausanne qui mettait fin à la guerre de Lybie.

Ce fut le 15 octobre seulement que le gouvernement ottoman, après avoir examiné et discuté les notes bulgare serbe et grecque, décidait de rompre les relations diplomatiques avec les gouvernements des trois Etats : avec la Bulgarie et la Serbie parce que leur Note constituait un ultimatum auquel il ne pouvait souscrire ; avec la Grèce, parce que le fait de l'admission des députés crétois à la chambre grecque constituait un *Casus belli*.

Le lendemain, les ministres turcs à Athènes, à Sofia et à Belgrade étaient rappelés.

La guerre était virtuellement ouverte et les hostilités allaient commencer.

CHAPITRE II

Théâtres d'opérations

Le théâtre militaire sur lequel vont se heurter les armées turco-slaves se divise en deux parties bien distinctes :

1° *Macédoine* — A l'ouest, elle présente une région stratégiquement bien définie et qui semble être le rendez-vous obligatoire des forces serbes, grecques et monténégrines.

Mais, cette contrée est loin de Constantinople ; des évènements importants peuvent s'y dérouler qui n'auront aucune répercussion sur la capitale turque ; la vallée du Vardar qui la traverse du sud au nord, s'évase par endroits en plaines propices aux gros déploiements ; mais, elle s'étrangle aussi en défilés qui, bien organisés, peuvent briser tout élan offensif.

Les routes sont rares ; les objectifs stratégiques (*Scutari, Uskub, Monastir, Salonique, Janina*) n'offrent qu'un intérêt secondaire. La conquête de chacun d'eux exigera, à coup sûr, un gros effort ; mais leur possession, *d'autre part*, assure l'avantage de la situation à un défenseur, rassemblé dans une position centrale et maître d'agir en lignes intérieures soit au Sud, soit au Nord.

Ces raisons sont suffisantes pour comprendre que la Macédoine ne puisse être qu'un théâtre d'opérations secondaire et que la Thrace au contraire en soit le principal.

2° *Thrace* — Ici, en effet, la frontière bulgare n'est qu'à 250 kilomètres de Constantinople ; l'armée bulgare prête à la franchir offensivement, connaît l'importance du choc qu'elle aura à fournir sur le front Andrinople-Kirkilissé pour l'avoir déjà fourni en 1878, aux côtés des Russes ; elle se souvient que c'est là qu'elle conquit son indépendance. Elle sait enfin, qu'elle y trouvera le gros de l'armée turque qui doit y couvrir la capitale ottomane ; elle compte l'y battre ; et l'ar-

mée turque une fois battue, la vallée de la Moritza offre au
vainqueur un parcours facile qui lui permet de porter son
offensive jusque sous les murs de Constantinople.

Toutes ces considérations soulignent l'intérêt particulier
attribué par les alliés à ce théâtre d'opérations, où vont se
dérouler, avec une rapidité déconcertante les évènements les
plus saillants de cette brève campagne.

CHAPITRE III

Forces en présence

Organisation militaire des belligérants — Mobilisation
Concentration

Il faut voir, dans la manière dont les Etats balkaniques ont
constitué leur puissance militaire, une conséquence naturelle
de leur vitalité.

A peine débarrassés de la domination turque, tous ces
Etats comprirent que pour sauvegarder leur indépendance,
le premier de leur devoir était de se créer une armée qui
puisse leur en fournir les moyens.

Tout, dans leur effort, convergea, dès lors, vers le déve-
loppement de leurs forces militaires ; leurs chemins de fer
furent des lignes stratégiques plutôt que commerciales ;
leurs emprunts, ils les contractèrent pour acheter des fusils
et des canons ; édifier des écoles militaires, instruire et
encadrer le plus grand nombre possible de soldats.

Pour organiser leur armée, ils eurent recours aux grandes
puissances européennes ; chacun s'inspira au gré de ses
sympathies ou de ses intérêts, allant demander des instructeurs à la Russie, à la France, à l'Italie.

Orientant toutes ses ressources, tendant tous les ressorts
de sa haine contre l'ennemi séculaire, contre le Turc oppresseur de la race slave, l'auteur des massacres sanglants en face

desquels l'Europe est restée impuissante, ce qui les a incités à régler leurs affaires eux-mêmes.

a) Bulgarie — Les Bulgares firent d'abord appel aux Russes, aux côtés desquels ils venaient de se battre pendant la guerre Turco-Russe ; ils les conservèrent comme instructeurs jusqu'en 1885 où, ayant à lutter contre les Serbes, ils se virent privés subitement de leurs généraux rappelés en Russie par ordre du Tzar. C'est au cours de cette campagne que se dévoilèrent les talents de leurs généraux actuels.

Depuis lors, c'est dans nos régiments français, à notre Ecole de guerre que leurs meilleurs officiers sont venus s'instruire.

Imbue de nos théories et de nos doctrines ; en possession d'un matériel d'artillerie français ; commandé par des officiers jeunes, ardents, instruits, consciencieux, passionnés de leur métier ; composée de soldats laborieux tenaces, disciplinés, résistants, animés de l'ardent désir de chasser le Turc, l'armée bulgare allait se trouver en mesure, tant par le nombre que par la valeur de ses contingents, de jouer le rôle prépondérant dans la lutte qui allait s'ouvrir.

Les seuls points faibles de son organisation militaire résidaient :

1° dans la dotation limitée de ses approvisionnements en munitions ; d'une part, en effet, un outillage insuffisant ne lui permet pas d'y remédier par une fabrication intensive ; d'autre part, la situation géographique lui rend difficile les apports de l'étranger ;

2° dans la pénurie de chevaux ayant une taille suffisante pour pouvoir remonter la cavalerie et atteler l'artillerie et les trains ; pour ces derniers l'administration militaire est obligée d'utiliser les voitures du pays et de les atteler au moyen de bœufs de réquisition ;

3° dans le défaut d'encadrement des nombreuses unités de nouvelle formation mises sur pied à la mobilisation.

Recrutement — Depuis la réorganisation de 1903, œuvre des généraux Savof et Fitchef, le service militaire est personnel et obligatoire de 20 à 46 ans.

La durée des services se décompose en :

Armée active, 2 ans pour l'infanterie, 3 ans pour les autres armes ; réserve, 18 ou 17 ans ; milice des 1er et 2e bans, jusqu'à 46 ans.

Formations mobilisées — A la mobilisation l'armée bulgare peut mettre en ligne :

a) *formations de première ligne*

9 divisions comprenant chacune
- 2 brigades d'Infanterie à 2 régiments de 4 bataillons.
- 2 escadrons de cavelerie.
- 9 batteries de 75 à T. R. à 4 pièces.
- 3 à 6 batteries Krupp à T. A. à 6 pièces.
- 1 batterie d'obusiers de 12 à T. R. à 4 pièces.
- 2 compagnies de pionniers.
- 1 peloton de télégraphistes.

9 brigades de réserve, qui peuvent être adjointes comme 5 brigades à une division active

16 compagnies de gardes forestiers ;

1 régiment de cavalerie de la Garde ;

2 brigades de cavalerie à 2 régiments ;

3 régiments d'artillerie de montagne
- 9 batteries de 75 à T. R. de 4 pièces.
- 14 batteries de 75 Krupp à T. A. à 4 pièces
- 6 batteries Krupp à T. L. à 6 pièces.

3 bataillons d'artillerie de forteresse ;

1 régiment de chemin de fer ;

1 bataillon de pontonniers ;

1 bataillon de télégraphistes ;

ce qui donne en première ligne
- 225.000 fusils.
- 5.000 sabres.
- 800 canons.

b) formations de deuxième ligne

Pour ces formations de deuxième ligne, la Bulgarie dispose de 150.000 hommes environ ayant reçu l'instruction militaire complète, et 60.000 hommes à demi-instruits seulement. Mais, les possibilités d'encadrement ne permettent pas d'armer plus de 100.000 hommes.

Mobilisation et concentration — L'armée active et sa réserve semblent avoir été mobilisée pour le cinquième jour en ce qui concerne l'infanterie. L'artillerie et le train ne le furent que le onzième jour ; malgré cette mobilisation tardive de l'artillerie, la concentration, faite mi-partie par voie de fer, mi-partie par voie de terre, fut terminée le quartorzième jour pour les troupes et les premiers échelons de leurs trains, et le dix septième jour pour tous les convois.

Cette concentration semble avoir abouti au dispositif suivant :

Commandant en chef, le tzar Ferdinand. G. Q. G. à Stara-Zagora. Généralissime, général Savof. Chef d'état-major-général, général Fitchef.

Groupement principal de la Maritza (général Savof)	1re armée général Ivanof	5 divisions Zône Seïmen. Stara Zagora.
	3e armée général Dimitrief	3 divisions au sud de Yamboli
groupement secondaire vers Kustendil général Kutintchef	2e armée 3 divisions dont	1 Division Bulgare (général Théodorof) 2 Divisions Serbes de deuxième ligne coopérant avec la deuxième armée Serbe.

b) Serbie — Depuis plus de 20 ans, les Serbes travaillaient en vue de la guerre actuelle ; l'Italie d'abord, puis la France, surtout depuis l'avènement au trône du roi Pierre dans les circonstances dramatiques que l'on connaît, ouvrirent aux officiers serbes les portes de leurs écoles militaires ; ancien élève de l'Ecole de St Cyr, le roi Pierre a conservé la plus vive admiration pour l'armée française qui a servi de modèle à la sienne.

Dans ces dernières années surtout l'armée serbe a réalisé des progrès considérables sous le rapport de l'organisation de l'instruction et de l'outillage.

En possession d'un matériel d'artillerie français, commandé par des officiers remplis de bravoure, le soldat serbe, moins robuste peut-être que le bulgare, mais tout aussi valeureux, et animé à un égal degré de la volonté de vaincre allait se montrer sous un jour tout nouveau.

Les points faibles, signalés dans l'organisation de l'armée bulgare, se retrouvent à un égal degré dans l'armée serbe.

Recrutement — Le service militaire est personnel et obligatoire de 17 à 53 ans.

La durée du service se décompose ainsi qu'il suit : dans l'armée active : 18 mois pour l'infanterie et le génie ; 2 ans pour les autres armes. Armées nationale (1e, 2e et 3e bans), 24 ans ; milice, 10 ans.

Formations mobilisées — La Serbie peut mettre sur pied :

a) formations de première ligne

1o
5 Divisions actives à
- 4 régiments à 4 bataillons
- 9 batteries de 75 à T. R. à 4 pièces
- 3 escadrons de cavalerie

16.500 fusils
480 sabres
36 canons

2o
5 Divisions nouvelle formation (2e ban)
- 3 régiments à 4 bataillons
- 6 batterie de 75 à T. R. à 4 pièces
- 2 ou 3 escadrons de cavalerie (2e ban)

12.500 fusil
340 sabres
24 canons

3o Une division de cavalerie | 2 brigades de 2 régiments et 2 batteries de 75 à T. R.

4o
des E. N. E. du 1er et 2e ban
- artillerie de montagne
- obusiers
- artillerie de forteresse
- sapeurs-pontonniers-télégraphistes

ce qui donne en première ligne
- 175.000 fusils
- 7.500 sabres
- 308 canons
- 26 obusiers
- 36 canons de montagne

2

b) formations de deuxième ligne

Il existe { 20 bataillons de dépôt du 1er ban {
  } 30.000 hom-
en plus { 15 bataillons de dépôt du 2e ban { mes

Il est prévu, en outre, 15 régiments à 4 bataillons du 3e ban ; mais, cette dernière organisation n'est encore qu'ébauchée.

Mobilisation et concentration — La mobilisation dè l'armée serbe semble avoir exigé les mêmes délais que celle de l'armée bulgare. Par contre sa concentration semble avoir été plus lente et avoir realisé vers le 20e jour seulement, le dispositif suivant :

Commandant en chef, le roi Pierre Ier — G. Q. G. à Nich

1er groupement (Prince royal Alexandre)	2 divisions actives de 4 régiments à 4 bataillons. 3 divisions de réserve de 3 régiments à 4 bataillons, au sud de Nich (environ 75.000 hommes)
2e groupement (Général Stephanovitch)	2 divisions actives de 4 régiments à 4 bataillons 1 division de réserve 3 régiments à 4 bataillons vers Kustendil (environ 40.000 hommes).
3e groupement (général Ziekovitch)	1 division active de 4 régiments à 4 bataillons 1 division de réserve de 3 régiments à 4 bataillons sur la Toplitza (environ 32.000 hommes)
4e groupement	gendarmes et hommes du 3e ban, sur la frontière du Sandjak du Novi Bazar

Une division de réserve de formation de deuxième ligne etait laissée pour assurer la garde de certains points du territoire avec une partie des troupes du 3e ban.

c) Monténégro — L Monténégro, lui, réalise le type de la nation armée ; il n'a pas, à proprement parler, d'armée permanente ; sa loi militaire calquée sur celle de la Suisse donne à son armée le caractère d'une véritable milice.

Tons les hommes valides peuvent être appelés sous les drapeaux de 18 à 62 ans.

Le monténégrin, montagnard vigoureux, est un guerrier de race ; il a de réelles aptitudes militaires : vigueur physique, sens du terrain, justesse du coup d'œil, qui en font un soldat remarquable.

Mais, les services de l'arrière sont très mal ou pas organisés du tout ; ils n'existent qu'à l'état d'embryons, et c'est ce qui entravera fatalement tout mouvement offensif de trop longue portée.

Recrutement — Le service militaire y est personnel et obligatoire, de 18 à 62 ans.

De 18 à 20 ans, le soldat fait 2 mois d'instruction par an, de 20 à 52 ans, il fait partie de l'armée active et est astreint tous les ans à nne période d'instruction de 10 à 15 jours ; de 53 à 62 ans, il compte dans la réserve et n'est plus tenu à aucune période ;

Tous les inaptes ou dispensés sont affectés aux services de l'arrière, non organisés encore, et astreints à 4 jours d'instruction par an.

Formations mobilisées — Le Monténégro peut mettre sur pied :

<table>
<tr><td rowspan="9">4 Divisions</td><td>à 2 ou 3 brigades (11 en tout) de 4 à 8 bataillons.</td></tr>
<tr><td>1 peloton d'éclaireurs avec 1 détachement de mitrailleuses.</td></tr>
<tr><td>1 batterie de montagne.</td></tr>
<tr><td>1 peloton de pionniers.</td></tr>
<tr><td>1 section de télégraphistes.</td></tr>
<tr><td>1 ou 2 batterie d'artillerie de campagne.</td></tr>
<tr><td>1 batterie d'artillerie lourde.</td></tr>
<tr><td>1 embryon des services.</td></tr>
</table>

Mobilisation et concentration — Huit jours après l'ordre de mobilisation, l'armée monténégrine, au moment où elle ouvrait les hostilités, se trouvait ainsi répartie :

1º Une armée du Nord général Vonko-vitch } 1 division. concentrée à Kolassin ayant pour objectif le Sandjak de Novi Bazar.

2º Une armée du Centre général Lazaro-vitch } 1 division opérant au Nord du lac de Scutari

3º Une armée du Sud général Martino-vitch } 2 divisions opérant au Sud du lac de Scutari

} ayant toutes deux pour objectif la place de Scutarl

Le tout sous les ordres du généralissime Prince Danilo.

d) Grèce — La Grèce a, depuis deux ans, confié le soin de réorganiser son armée à une mission française, dirigée par M. le général Eydoux, sous l'impulsion énergique de la mission, aidée en cela par la bonne volonté des pouvoirs administratifs, l'armée s'est vite relevée de ses dernières défaites en Thessalie ; une nouvelle réorganisation lui a permis de mieux utiliser les ressources du pays ; instruite sur de nouvelles bases, elle a rapidement repris confiance en elle même et en ses chefs ; sobre, résistant, discipliné, en possession d'un matériel d'artillerie français, conduit par des chefs pleins d'amour propre, intelligents, instruits et dont les meilleurs passaient par notre Ecole de guerre, le soldat grec allait se montrer un dangereux adversaire pour son vainqueur de la veille.

Recrutement — Le service militaire est, là aussi, personnel et obligatoire de 20 à 55 ans.

La durée du service militaire se décompose ainsi :

Armée active 2 ans ;

1re réserve 10 ans ;

2c réserve 9 ans ;

Garde nationale et 3e réserve 14 ans ;

Formations mobilisées — La Grèce pouvait mettre en ligne **à la mobilisation :**

a) formations de première ligne

4 divisions actives du temps de paix
{
3 régiments à 3 bataillons
1 ou 2 bataillons d'eyzones (chasseurs à pied)
1 ou 2 escadrons
1 regiment d'artillerie de campagne comprenant 6 ou 8 batteries de 75 à T. R. de 4 pièces.
}

1 brigade de cavalerie active.

4 divisions de réserve | 3 régiments à 2 bataillons.

Mobilisation et concentration — Après une mobilisation qui s'est effectuée dans les conditions de rapidité prévues, et avec un ordre parfait, la Grèce avait son armée concentrée dès le treizième jour de la façon suivante :

1er groupement général Sapountakis {
1 division active } région d'Arta
1 division de réserve} sud de l'Epire
(environ 19.500 hommes)
}

2ᵉ groupement prince Constantin {
3 divisions actives } région de Larissa
3 divisions de réserve { en Thessalie
(environ 60.000 hommes)
}

En résumé, les armées alliées, à l'exception du Monténégro qui constitue une véritable milice, sont organisées et instruites selon les doctrines et les méthodes françaises ; elles possèdent un matériel d'artillerie construit en France et assez identique à notre matériel de 75ᵐᵐ ; elles sont commandées par des officiers qui pour la plupart ont suivi les cours de notre Ecole de guerre ; depuis de longues années enfin, elles se préparent ardemment à leur guerre, à la guerre contre le Turc, l'envahisseur, l'oppresseur de la race slave.

Tenant haut et ferme le drapeau du panslavisme, elles entrent en lutte contre le pangermanisme qui actionne, sinon ouvertement, du moins tacitement, la Turquie.

e) Turquie — La Turquie possède des ressources considérables en hommes ; son armée, organisée selon les méthodes préconisées par le général Von du Goltz, a déjà donné des preuves de courage et d'endurance.

La plus grande partie de ses ressources se trouve en Asie-Mineure ; leur transport en Turquie d'Europe forcément lent, par suite du faible rendement de ses voies ferrées et de la pénurie de ses transports maritimes, n'est pas fait pour activer les opérations de la mobilisation sur le théâtre d'opérations européen.

Il en résulte, pour la Turquie, l'obligation d'entretenir sur son territoire européen, la majorité de ses forces organisées dès le temps de paix et de les partager en deux groupements correspondants aux deux théâtres d'opérations : « Thrace » et « Macédoine ».

Les autres forces actives sont en Asie-Mineure pour défendre les frontières russe et persane, ou pour tenir en respect des populations fanatiques toujours prêtes à la révolte.

A côté de ces forces actives complétées à la mobilisation par les premières classes de réserve, on a organisé des divisions de réserve (rédifs) ayant des cadres constitués dès le temps de paix, dans la région où elles se mobilisent.

Enfin, les réservistes des plus anciennes classes constituent une sorte de milice appelée « mustahfiz. »

L'ensemble du territoire a été divisé en 4 *ordous* (inspections) dont le chef a le commandement de toutes les troupes actives ou de rédifs stationnés sur son territoire.

Grâce à cette organisation à laquelle le chef de la mission allemande, le général Von der Goltz, a donné un cachet absolument germanique, la Turquie qui, en temps de paix, possède 14 corps d'armée à 2 ou trois divisions, plus 5 divisions indépendantes, peut mettre sur pied à la mobilisation :

43 divisions actives ;

48 divisions de rédifs (1re catégorie)

6 divisions de rédifs (2e catégorie)

Le corps d'armée comprend :

a) 2 ou 3 divisions actives ou actives et rédifs composée
- 3 régiments à 3 bataillons
- 1 bataillon de chasseurs
- 1 régiment d'artillerie à 2 ou 3 groupes
- 1 escadron de cavalerie ou d'infanterie monté
- 1 compagnie du train, assurant 3 jours de vivres, 1 convoi de munitions sur bâtiments
- (La division de rédifs n'a ni artillerie ni cavalerie)

b) — 1 régiment de chasseurs à 3 bataillons

1 brigade de cavalerie à 2 ou 3 régiments

1 artillerie de corps comprenant 2 groupes de 3 batteries de montagne, 1 groupe d'obusiers.

1 bataillon du génie

1 équipage de pont

1 compagnie de télégraphistes

1 bataillon du train formant la compagnie de chaque division.

1 compagnie d'ambulanciers

4 hôpitaux de campagne

Enfin, comme troupes non endivisionnées, la Turquie) compte encore :

des troupes de forteresse

1 régiment de chemins de fer

4 divisions de cavalerie Kurde (24 régiments à 5 escadrons

Le tableau suivant, résume l'organisation ci-dessus.

1er Ourdou Constantinople	1er corps d'armée Constantinople	1re division	—	Constantinople
		2e id.	—	id.
		3e id.	—	id.
	2e corps d'armée Rodosto	4e id.	—	Rodosto
		5e id.	—	Gallipoli
		6e id.	—	Smyrne

1er Ourdou / 2e Ourdou	Corps / Inspection	Divisions	Localités
	3e corps d'armée Kirk-kilissé	7· id.	— Kirk-kilissé
		8· id.	— Tchorlou
		9· id·	— Eski-Baba
	4e corps d'armée Andrinople	10· id.	— Andrinople
		11· id.	— Dedeagatch
		12· id.	— Gumuldjina
1er Ourdou Constantinople	1re inspections rédifs Constantinople	1re catégorie 8 divisions	Constantinople — Fatich, Sélimié, Ismidt. Brousse, Héraclée, Hasta-monni, Angora, Yorgat.
		2e catégorie 6 divisions	Baba-Eski, Andrinople, Gumuldjina, Kirdjali, Dardanelles, Echémit.
	6e inspection rédifs Smyrne	1re catégorie 8 divisions	Sagrah, Ouchak, Afron - Karaïssar, Aïdin, Dirugli, Adalia, Kornia, Césarée.
	5e corps d'armée Salonique	13· division	— Salonique
		14· id.	— Sérés
		15· id.	— Stroumitza
	6e corps d'armée Monastir	16· id.	— Ichtip
		17· id.	— Monastir
		18· id.	— Dibra
	7e corps d'armée Uskub	19· id.	— Uskub
		20· id.	— Mitrovitza
		21· id.	— Diakovo
2e Ourdou Salonique	Divisions indépendantes	22· id·	— Kozani
		23· id.	— Janina
		24· id.	— Scutarie d'Albanie
	8e corps d'armée Damas	25· id.	— Deraa
		26· id.	— Alep
		27· id.	— Beyrouth
	2e inspection rédifs Salonique	1re catégorie 13 divisions	Drama, Sérés, Salonique, Ichtip. Monastir, Uskub, Prichtina. Mitrovitza, Prizrend, Elbassan, Janina, Nazeliteh, Scutari d'Albanie.

2e Ourdou
Salonique

   5e inspection
   rédifs
   Damas

   1re catégorie Adana, Aïntab, Alep, Hamah, Damas, Jérusalem, Akka.
   7 divisions

3e Ordou

Erdzindjian

   9e corps d'armée 28· division — Erdzeroum
   Erdzeroum 29· id. — Baïbourt

   10e corps d'armée 30· id. - Erdzindjian
                   31· id. — Erdzindjian
   Erdzindjian 32· id. — Karpout

   11e corps d'armée 33· id. — Van
   Van 34· id. — Mouch

   3e inspection
   rédifs
   Erdzeroum

   1re catégorie Erzeroum, Trébizoude. Samsoun, Amassia, Suvas, Mamouritulazis, Van, Diarkébirr
   8 divisions

4e Ordou

Bagdad

   12e corps d'armée 35e division — Mossoul
   Mossoul 36e id. — Kerkouk

   13e corps d'armée 37e id. — Bagdad
   Bagdad 38e id. — Bassora

   14e corps d'armée 39e id. — Sanaa
                   40e id. — Hodcidah
   Sanaa 41e id. — Assyr

   Divisions 42e id. — Tripoli de Barbarie (pour mé-
   indépendantes 42e id. — Hedjaz moire)

   4e inspection
   rédifs
   Bagdad

   1re catégorie Bagdad, Kerbelah, Kerkouk, Mossoul
   4 divisions

Mobilisation et Concentration — L'empire ottoman ne pouvait évidemment pas compter sur l'emploi de la totalité de ses forces en Europe. L'ordre de mobilisation n'a, du reste, concerné que les premier et deuxième ordous et une partie du troisième.

D'autre part, la guerre italo-turque, l'insurrection du Yémen et les troubles d'Albanie avaient amené le déplacement de certaines unités appartenant à ces ordous qui, de ce fait, se trouvait désagrégés ; et, il fut évident, dès le début, que la mobilisation de l'armée de Thrace ne serait pas possible dans la période de temps calculée par le général Von der Galtz, car les instruments essentiels de la mobilisation faisaient défaut : «pas de chemins de fer, organisés pour le transport rapide des troupes ; pas de service d'intendance capable d'alimenter les corps d'armée. »

Cette situation entraîna fatalement des retards et de grosses difficultés ; dans certains cas, même des modifications à l'ordre de bataille et l'introduction d'éléments de réserve dans les divisions actives pour y remplacer des unités absentes.

Quoiqu'il en soit, au quinzième jour de la mobilisation, les Turcs n'avaient réuni, en Turquie d'Europe, que :

11 divisions actives

4 divisions de rédifs de première catégorie

4 divisions de rédifs de deuxième catégorie } de la première inspection.

à partir de cette date et jusqu'au 25 octobre, ces forces se renforcèrent de 12 divisions de rédifs des 1re, 3e et 6e inspections d'Asie-Mineure.

Après le 25 octobre, il restait encore à transporter d'Asie Mineure :

2 divisions actives du 8e corps (Damas)

7 divisions de rédifs.

Ces 13 divisions actives et ces 27 divisions de rédifs, après avoir constitué une solide garnison pour la place d'Andrinople et une forte couverture au Nord de la ligne Kirk-kilissé-Andrinople, devaient constituer l'armée principale de Thrace (environ 250.000 hommes) sous le commandement d'Abdullah-Pacha, à opposer à l'armée bulgare.

En Macédoine, il semble que les Turcs aient décidé de ne mettre en œuvre que les forces organisées dans cette région, soit :

3 corps d'armée à 3 divisions actives,

3 divisions indépendantes.

13 divisions de rédifs de la deuxième inspection, soit 200.000 hommes environ sous le commandement de Rezza Pacha.

Ces éléments constituaient 5 groupements :

le 1ʳ — 1 corps d'armée et 2 divisions dans la région Uskub, Egri Palanka, Sandjak de Novi Bazar ;

le 2ᵉ 1 corps d'armée dans la région de Monastir ;

le 3ᵉ — 1 corps d'armée dans la région Salonique, Sérès, Ellassona ;

le 4ᵉ — 1 division dans la région de Scutari ;

le 5ᵉ — 1 division dans la région de Janina.

L'ensemble des forces ottomanès était aux ordres du généralissime Nazim-Pacha.

Telle est, dans ses grandes lignes, la situation des belligérants, au début des hostilités.

CHAPITRE IV

Armements en présence

Le fusil d'infanterie, chez les divers belligérants, a sensiblement la même valeur balistique.

La Bulgarie, la Serbie et la Grèce sont toutes trois armées du fusil Mannlicher, modèle 1888 ou modèle 1892 du calibre de 8ᵐᵐ et dont les propriétés balistiques sont équivalentes à celle de notre fusil modèle 1886 tirant la balle M

Le Monténégro ne pouvait avoir que le fusil russe modèle 1891, du calibre 7ᵐᵐ 6 et dont la valeur balistique est identique à celle du fusil de ses alliés.

La Turquie, est-il besoin de le dire, est armée du Maüser allemand, du calibre 7ᵐᵐ9 et dont la valeur balistique est analogue à celle de notre fusil 1886 tirant la cartouche D.

Le matériel d'artillerie des 3 armées serbe, bulgare et grecque sort des usines françaises du Creuzot ; leurs canons de puissance à peu près équivalente, tirent un projectile du calibre de 75^{mm}.

Le matériel turc sort, au contraire, des usines Krupp ; il est du même poids et du même calibre que les précédents, mais a une valeur balistique lègèrement inférieur ; il a à peu près la même puissance et est construit d'après les mêmes principes que le canon allemand.

Tous ces matériels sont à tir rapide, obtenu en immobilisant l'affût au moyen d'une brèche de crosse et en laissant reculer le canon sur l'affût au moyen d'un frein hydraulique qui ralentit sa course et d'un recupérateur qui le ramène en place ; mais, tandis que le canon Schneider emploie un récupérateur à air, le canon Krupp emploie un récupérateur à ressort, beaucoup plus lourd et beaucoup plus fragile.

De plus, le canon français, grâce à son coulissement sur l'essieu ne craint pas le dépointage pendant le tir rapide, ce qui se produit au contraire assez fréquemment dans le canon allemand.

Enfin le matériel turc ne possède pas de hausse indépendante qui rend si facile le service des pièces et permet aux armées alliées d'appliquer nos méthodes de tir françaises.

CHAPITRE V

Plan de campagne des belligérants

Plan des alliés — Les alliés furent admirablement servis par un service de renseignements supérieurement organisé ; depuis longtemps déjà, les divers théâtres d'opérations étaient parcourus dans tous les sens par de nombreux agents à la solde des alliés ; les statistiques, les itinéraires, les plans des localités avaient été relevés d'avance.

Les alliés savaient, d'autre part, les difficultés auxquelles se heurtait la mobilisation turque ; ils étaient certains d'effectuer leur concentration bien avant celle de leurs adversaires.

Confiants, d'autre part encore, dans le magnifique enthou-siasme et l'élan de patriotisme fédéral qui venait de se créer, prêts à tout tenter avec des troupes qui de tous les côtés montraient obéissance, dévouement, acceptation joyeuse de la mort pour une grande cause, les alliés semblent avoir ainsi arrêté leur plan de campagne : mettre le plus rapidement possible la main sur les territoires revendiqués pour, au moment du règlement de comptes, placer l'Europe en face du fait accompli.

Pour cela, procéder à une offensive brutale sur tous les théâtres d'opérations et atteindre coûte que coûte l'objectif assigné, objectif géographique ou politique.

La grosse masse, armée bulgare, opérant en Thrace, devait foncer directement sur Constantinople où le roi Ferdinand de Bulgarie pensait pouvoir dicter ses conditions on était certain qu'on rencontrerait la grosse masse turque couvrant Constantinople et ainsi se trouvait sauvegardé ce principe militaire immuable qui veut que le principal objectif soit la masse ennemie. »

Plan turc — En face de ces multiples adversaires, la Turquie surprise, en plein désarroi, en est réduite à adopter une tactique défensive jusqu'au moment ou elle se sera assuré la supériorité numérique.

Son plan original, semble t-il, était de concentrer l'ensemble de l'armée de Thrace le long de la ligne Andrinople-Kirk-kilissé, appuyant ses deux flancs à ces deux places fortes et couvrant sa droite par les monts Istrandja derrière lesquels on se proposait de faire opérer un corps de débarquement descendu à Midia ; puis, prendre résolument l'offensive et porter la guerre en Bulgarie.

Nous verrons plus loin de quelle façon les armées bulgares surent déjouer cette partie du plan turc. Sur le théâtre de la Macédoine, l'armée de Kizza-Pacha devait s'opposer et faire tête : aux Grecs d'une part, aux Serbes et aux Monténégrins d'autre part. D'après le plan, arrêté par la mission allemande, il devait disposer ses forces de la façon suivante :

24e division et 1 bataillon de chasseurs, face à l'armée monténégrine ;

le 7e corps à Uskub et 2 divisions face à l'armée serbe ;

la 22e division à Kozani face aux grecs :

la 23e division à Janina face aux grecs ;

le 6e corps à Monastir, formant réserve particulière ;

le 5e corps à Salonique, face aux grecs de la Thessalie.

Il devait ensuite, jouant des lignes intérieures porter son gros, suivant les péripéties de la lutte soit au Nord, soit au Sud.

Nous verrons aussi comment l'offensive vertigineuse des alliés serbes et grecs bouleversa les conceptions de Kizza-Pacha.

CHAPITRE VI

Opérations militaires des armées alliées

Pour apporter quelque clarté à l'exposé des opérations de chacune des armées belligérantes, je suivrai, sur chacun des théâtres d'opérations, l'offensive de chaque armée, du début des hostilités à la signature de l'armistice, sans me préoccuper de l'action diplomatique qui, menée collatéralement, influera sur la conduite des opérations et finira par apporter à la Turquie un appoint, tout au moins moral, tel, que cette dernière verra s'estomper dans un avenir plus ou moins éloigné la catastrophe finale qui doit la rayer de la carte de l'Europe.

Armée monténégrine — C'est le mardi, 8 octobre, que le roi du Monténégro, Nicolas Ier, déclarait la guerre à la Turquie :

L'etat-major monténégrin connaissait parfaitement la force de l'adversaire qu'il attaquait et les points où il allait le rencontrer. Aussi, ce fut en quelques jours, une série de foudroyants succès. Les Turcs surpris, isolés même de Scutari, ne pouvant espérer nul secours, se tinrent sur la défensive et résistèrent de leur mieux.

Le 9, les quatre divisions montenégrines, sous le commandement supérieur du Prince Danilo s'étaient mises en marche simultanément (voir carte numéro 2).

Le général Lazarovitch, avec la 2e division, s'était chargé des forteresses avoisinant Podgoritza. Il emportait tour à tour Planinitza, Kogaï. Detchich, simplement défendus par leur garnison du temps de paix. Le 13, Schiptanik et Vranja se rendirent sans conditions.

Après avoir masqué Touzi qui se rendit également le 17, la division Lazarovitch, descendant la rive orientale du lac, s'emparait le 23 octobre des positions de Vraka, d'où elle commençait l'attaque de Scutari qu'elle était chargé d'investir par le Nord et par l'Est.

Dans le même temps, la 3e division, général Voukovitch, partie de Kolassin, remportait une série d'avantages aussi rapides et en six jours enlevait successivement Bielopolié, Berana, Goussigné, où il prenait 14 canons et de quoi nourrir sa division pendant 3 mois.

Le détachement du Nord poursuivant sa marche dans le sandjak de Novi Bazar, faisait à Sjenitza sa jonction avec les troupes serbes, puis mettait la main sur Plevlié dont les défenseurs se retirèrent en Bosnie-Herzégovine, en territoire autrichien.

Entre temps, le gros de la division s'emparait de Plava et entrait dans Ipak, le 23 octobre, en même temps qu'un détachement de la même division venant de Berana.

Au Sud, les 1re et 4e divisions sous le commandement du général Martinovitch, après un premier engagement à Skia, se heurtèrent à la position de Tarabosch, à l'Ouest de Scutari. Dans la nuit du 10 au 11 octobre, la petite armée monténégrine attaquait follement les Turcs, dans un furieux assaut au cours duquel un bataillon entier fut littéralement fauchée par le feu de mitrailleuses placées en caponnière.

Cet insuccès fit réfléchir les Monténégrins et les amena à investir Scutari pour le faire tomber ; une partie du corps Martinovitch franchit la Bojana pour encercler Scutari par le Sud et faisait occuper le 23 octobre les hauteurs de Chirka-Gora dominant au Sud les ouvrages de Tarabosch, et procédait sans plus tarder au bombardement de Scutari complète·ment investi. La situation reste ainsi stationnaire pendant les premiers jours de novembre ; mais l'approche des colonnes serbes en dégageant l'horizon albanais, permet au géné ral Martinovitch de se donner de l'air et laissant une division et demie à l'investissement de Scutari, il pousse au Sud, entre le 17 novembre à St-Jean de Medua et s'empare le 19 d'Alessio de concert avec une colonne serbe qui descendait de Diakova.

Depuis cette époque, tout l'effort montégrin s'est concentré autour de Scutari que Riza-bey défend avec la dernière énergie.

« Ici, ce n'est point, écrit le lieutenant-colonel Rousset, une lutte méthodique qui se développe suivant les rites formels et prévus, mais une sorte de guerre de guérillas. La petite armée du roi Nicolas qui n'a pour elle que la bravoure et une certaine adresse au tir, s'est jetée presque tout d'une pièce, dès son arrivée, contre les hauteurs occupées par les Turcs ; ceux-ci n'étaient pas bien nombreux ; deux ou trois bataillons de réguliers, dit-on, mais qui avaient de l'artillerie et des mitrailleuses. Ils ont riposté par un feu d'enfer, décimé leurs imprudents adversaires et gardé leurs positions. Puis, profitant du répit que leur procurait la commotion éprouvée par les Monténégrins, un peu effrayés de l'énormité des pertes subies, ils se sont fortifiés et retranchés ; et ces hauteurs dont il eût été facile de s'emparer, avec quelque tactique, sont devenues sinon imprenables, du moins très difficiles à aborder. »

Que voyons-nous encore ? Des troupes composées de braves gens et des gens braves, se battant avec entrain, animés du patriotisme le plus pur, mais dont l'instruction professionnelle est insuffisante, la doctrine vague, les méthodes imprécises et flottantes, l'organisation presque nulle. Ce sont des milices, pour tout dire qui se heurtent à un bloc organisé et qui s'y épuisent. L'enseignement est à retenir.

Armée Grecque

Au moment de l'ouverture des hostilités, la grosse masse de l'armée grecque (6 divisions) était concentrée dans la région de Larissa, sur la frontière macédonienne, sous le commandement du Diadoque, prince Constantin.

Un deuxième groupement (2 divisions) sous le commandement du général Sapountakis était rassemblé dans la région d'Arta, sur la froniière de l'Epire.

La marine grecque forte de : 5 grands croiseurs, un croiseur-cuirassé, 12 contre-torpilleurs, 1 sous-marin, sous les ordres de l'amiral Countouriotis allait aussi entrer en campagne, s'assurer la maîtrise de la mer Egée, empêcher tout transport turc d'Asie mineure en Europe et mettre la main sur toutes les îles se réclamant de la nationalité grecque.

Le 18 octobre, les deux groupements franchissent la frontière. (Voir carte n· 1).

En Epire. — Le général Sapountakis s'engage dans les défilés de Koumutrades où les Turcs disputent le terrain pied à pied ; le 21 octobre, la division active s'empare de Gribovo et, soutenu par la division de réserve, à une demi-journée de marche, poursuit l'ennemi dans la plaine de Philippiades et arrive le 27 au col de Pertepigudia où les Turcs se sont solide-

ment organisés ; aprés 3 jours de lutte il réussit enfin à déloger l'ennemi et, maître des hauteurs d'où il domine la région, il fait occuper Preveza par un détachement qui y coule
deux canonnières et un torpilleur turc ; puis, il s'empare le 2
novembre de Nicropolis, après une lutte acharnée ; et d'Ano-
ghi le 4 novembre, au sud de Janina.

Tous ses efforts désormais, vont tendre à refouler sous les
murs de Janina, pour les y investir, les détachements turcs,
qui battent la campagne au Sud de cette place.

Au surplus, toute l'action se passait à l'armée de Thessalie ;
c'est elle que je vais suivre plus en détail.

En Thessalie — Le gros des forces grecques ne pouvait
se porter en Macédoine que par les deux seules routes prati-
cables, savoir :

1· celle de Larissa à Ellassona par Tyrnavo et le défilé de
Mélonna ; cette route est complétée à l'Ouest par quelques
sentiers de montagne conduisant à Elassona et Servia ;

2· le chemin côtier qui relie Larissa à Salonique par Kate
rina. Ce chemin, barré par un mauvais fort au défilé de Pla-
tamonna, suit entre la montagne et la mer, un étroit couloir
qui ne peut être emprunté que par une colonne de faible
effectif. (Voir carte numéro 3).

Le franchissement de la frontière se fit, en effet, le 18
octobre, par le défilé de Melonna ; couvert à droite par une
colonne de régiment qui suivit la côte en bouleversant les
défenseurs de Platamouna à gauche par une brigade qui suivait les sentiers conduisant à Ellassonna, le gros (4 divisions)
suivit la route directe d'Ellassona.

Un détachement de 2 divisions devait par Trikkala se diriger sur Servia et faire tomber toutes les lignes de résistances
que rencontrerait le Diadoque.

Ce dernier se battit dans les défilés de Melonna le 18 ; le
19, il attaque les Turcs, retranchés à Ellassono, et profitant
de la diversion provoquée par l'arrivée de sa brigade d'aile

gauche, s'empare d'Ellassona par une brillante charge à la baïonnette.

Les jours suivants, le Diadoque se heurta, dans les défilés de Sarandapouros aux 25.000 turcs de Taschin-Pacha qu'il attaqua violemment pendant toute la journée du 22 octobre et qu'il ne réussit à chasser que lorsque les Turcs apprirent qu'une forte colonne grecque (divisions venant de Trikkala), se dirigeait par l'Ouest sur Stenas Portas. Craignant d'être coupés, les Turcs se retirèrent vivement sur Servia où le 24 octobre le diadoque les attaqua avec ses 6 divisions réunies.

Entre temps, il avait, après la prise d'Ellassona envoyé un détachement à la poursuite d'une colonne turque qui devait le 29 octobre, prise entre deux feux à Katerina, mettre bas les armes.

Aussitôt maître de Servia dont il s'était emparé le 24, le Diadoque se couvre du côté de Monastir par une brigade de cavalerie et une brigade d'infanterie qu'il envoie à Kotzani et se lance à la poursuite des Turcs qu'il atteint et bouscule le 29 à Verria, au moment où son détachement d'aile gauche (colonel Mathiopoulos) atteint Kailar et où son détachemenr d'aile droite, fort maintenant d'une brigade mettait la main sur Katerina.

Le 30, le Diadoque apprit sa marche sur Salonique, détachant une division par Vodena, qu'elle devait tenir pour se couvrir de la direction de Monastir et Yenidje.

Le Diadoque, poursuivant sa marche, gagne Topsin où il établit son quartier genéral, attendant que s'opérat la liaison de ses diverses colonnes de Katerina et de Vodena. Une quatrième colonne grecque, débarquée le 3 novembre, à Kassandra, dans la presqu'île de Chalcidique, se dirigeait également sur Salonique par Polygiros.

Enfin, deux autres colonnes, l'une serbe descendant le Vardar et l'autre bulgare (général Théodorof) venant de

Sérés, en refoulant les Turcs, encerclaient dans Salonique l'armée turque de Tahsin Pacha. (Voir carte numéro 4).

Le 8 novembre, alors que les Serbes n'étaient encore qu'a Vardarowtsi, les Bulgares à Guvezna, le Diadoque se portait à l'attaque des positions turques lorsque Tahsin-Pacha capitula sans conditions et se rendit avec 25.000 hommes au Prince Constantin qui prit immédiatement possession de la ville, semblant ignorer la présence à quelques lieues de lui, des princes bulgares Boris et Cyrille qui accompagnaient la colonne Théodorof,

La vigoureuse offensive grecque a provoqué la déroute générale des Turcs ; profitant de cette surprise et de la démoralisation de l'ennemi, les grecs ont marché rapidement.

A Sarantapourous, il fut impossible d'arrêter l'élan des troupes ; l'infanterie ouvrit la marche d'approche sur le feu de l'artillerie turque, sans attendre l'appui de sa propre artillerie retardée par les terrains embourbés ; et, si les 1er et 7e régiments n'éprouvèrent pas de plus grosses pertes, c'est que les obus des batteries allemandes n'éclataient pas tous.

L'ardeur des troupes permit au Diadoque d'atteindre sans de bien grosses pertes, le premier objectif stratégique qu'il s'était proposé.

Le 12 novembre, le roi Georges de Grèce, reçu par ses fils faisait son entrée triomphale à Salonique.

Entre temps, la colonne du Colonel Mathiopoulos s'était heurtée, au Nord du Kailar à une Division turque de couverture du corps de Monastir ; battus et forcés de reculer, les Grecs vinrent s'établir aux abords du Kailar, s'y retranchèrent solidement et y résistèrent à tous les assauts des Turcs.

Plusieurs jours se passèrent en observation de part et d'autre ; enfin le 13 novembre, le Diadoque, laissant une division entière pour assurer l'occupation de Salonique, se dirigeait par Vodena et Ostrov, sur Komano où il entrait en liaison avec le détachement du Kailar qui avait fini par reprendre l'offensive.

Le 15 novembre, toutes troupes réunies, le Diadoque repoussait les Turcs à Komano et les rejetait sur Banitza où il leur infligeait une nouvelle défaite le 20 novembre. Le lendemain 21 novembre, l'armée du Diodoque arrivait en vue de Florina où elle entrait en liaison avec la cavalerie serbe qui avait pris part à l'investissement de l'armée de Zekki-Pacha à Monastir.

Sur Mer. — Dès l'ouverture des hostilités, la flotte grecque commença sa croisière dans les eaux turques de la mer Egée, assurant le blocus des côtes ottomanes et procédant à la prise de possession des îles turques.

Le 21 octobre, elle occupait Lemnos et Tenedos d'où elle surveillait le débouché des Dardanelles.

Le premier novembre elle hissait le drapeau hellène sur les îles de Thasos, Imbros, et Samothrace.

Dans la nuit du premier novembre, le torpilleur numéro 11 entrait audacieusement dans le port de Salonique et y faisait sauter le cuirassé turc Feth-y-Bulend.

Le même jour, premier novembre, quatre navires grecs venaient croiser devant Dedeagatch protégeant la pointe bulgare qui allait y faire son entrée.

Le 3 Novembre elle débarquait toute une brigade à Kassandia dans la Chalcidique ; puis faisant preuve d'une activité extraordinaire, on la vit occuper successivement Kavalla, Mitylène, puis Sasseno, dans la baie de Valona, elle-même.

Personne n'ignore combien cette occupation, souleva les protestations de l'Italie qui, moins intransigeante que l'Autriche, ne veut cependant pas admettre qu'une autre influence que la sienne se fasse sentir en Albanie.

Dans la deuxième quinzaine de novembre, les Turcs, sollicitant en vain les puissances, avaient adressé directement au Tzar de Bulgarie une demande d'armistice qui, après de longs pourparlers, fut enfin signé le 2 décembre. Tous les états balkaniques, sauf la Grèce, adhérèrent aux clauses du dit armistice.

La Grèce, seule, continua les hostilités, d'accord en cela avec les alliés, parce qu'elle pouvait ainsi perpétuer son blocus, interdire tout transport turc soit de troupe, soit de charbon déclaré contrebande de guerre.

Entre temps. et, en attendant les préliminaires de la paix, les Grecs concentrent tous leurs efforts sur Janina ; leur flotte transporte de Salonique à Dedeagatch une partie de la division Théodorof, et se tient à la disposition des alliés pour transporter en Thrace toutes les troupes grecques disponibles pour une reprise possible des hostilités ; ils se hâtent d'organiser le pays conquis, bien décidés, quoiqu'en dise l'Europe, à appliquer la devise bien connue : « J'y suis, j'y reste. »

Armée Serbe

L'armée Serbe, sous le commandement suprême du roi Pierre 1er était concentrée :

La première armée Prince Alexandre } 5 Divisions (environ 75.000 hom.) dont une de cavalerie, entre Vrania et Nich.

La deuxième armée Gén. Stéphanowitch } 3 divisions du deuxième ban (environ 40.000 hommes vers Kustendil, où elle devait coopérer avec un corps bulgare.

La troisième armée Général Ziefkovitch } 3 divisions du troisième ban (environ 32.000 hommes sur la frontière du sandjack de Novi Bazar.

Du côté Turc, Rizza Pacha, commandant l'ensemble des forces turques en Macédoine avait ses troupes disposées de la façon suivante ;

1· Une armée principale, sous les ordres de Zekki-Pacha dans la région d'Uskub (7e corps) ; sa concentration était couverte : en avant, par la division de cavalerie indépendante sous les ordres de Feïk Pacha ; à droite, par une colonne mobile du 5e corps (Salonique) 15e division, Général Kara-Saïd, dans la vallée de la Strouma ; à gauche par une division vers Prichtina, sous les ordres de Ferik-Tervfik Pacha;

2· Un corps de réserve (6e corps) entre Monastir et Koprulu, sous les ordres de Djavid Pacha.

Les trois armées Serbes franchirent la frontière le 18 octobre. Pendant que des détachements de la troisième armée, sans de bien grosses difficultés, s'emparaient successivement le 23 octobre de Novi-Bazar, puis le 24, de Siénitza où ils donnaient la main aux Monténégrins de Voukovitch, le général Ziefkovitch organisait le sandjack de Novi Bazar. y jetait quelques garnisons et descendait avec le gros de son armée sur Mitrovitza d'où il se lançait à l'attaque de Prichtina dont il s'emparait le 23 octobre après y avoir bousculé Ferik Pacha ; il gagnait le même jour Verisovitch d'où il lançait un petit détachement sur Prizrend et Diakovo.

Ce détachement atteignit Prizrend le 31 octobre et, après une lutte de 4 jours contre une bande de 10.000 arnautes qui se firent tous tuer, il s'emparait de cette place le 4 novembre ; le 5, il atteignait Diakova en même temps que les Monténégrins de Voukovitch venant d'Ipeck. Nous laisserons ce détachement qui, malgré les difficultés d'un terrain exclusivement accidenté, malgré le mauvais temps, va courir la vallée du Brin, vers Alessio qu'il atteindra le 18 novembre, y donnant la main à un détachement Monténégrin du général Martinovich. Là, il enverra une garnison à Saint-Jean de Meduä pour y relever les Monténégrins et avec le reste s'avancera sur Durazzo en suivant la côte.

Le reste de la troisième armée continuant sa marche, atteignait les passes de Katchanik le 23 octobre dans la soirée et donnait la main à l'aile droite du Prince Alexandre,

Les premiére et deuxième armées s'étaient mises, de leur côté, en marche sur Uskub, leur premier objectif stratégique, en utilisant : la première, la vallée de la Morava ; la deuxième, la vallée de la Kriva.

Le 21 octobre, la première armée s'emparait de Kistovatz et de Benjanovatz et poussait jusque sur les hauteurs de Rujan ; à la même date, la deuxième armée dépassait Egri-Palanka.

Les jours suivants, la première armée s'échelonne sur une profondeur de 20 kilomètres environ de Tabanotche (10 kil. Nord de Kumunovo) à Zibevtche où le Prince Alexandre établit son quartier général.

Ce dernier savait que Zekki-Pacha avait pris position en avant de Kumunovo ; il ne voulait l'attaquer que toutes ses forces réunies, mais ne pouvait bouger tant que Trichtina était aux mains des Turcs.

Mais Prichtina est pris le 23 et le jour même, les débris de Ferik Pacha sont bousculés dans les passes de Katchanik. Dès lors, le Prince Alexandre n'ayant plus de crainte pour sa droite, donne, le 23 au soir, l'ordre d'attaque pour le lendemain.

Le 24 au matin, Zekki-Pacha est attaqué de front par la première armée; il lutte avec rage pendant trois jours ; mais dans l'après-midi du 26, menacé sur son flanc droit par la deuxième armée (Général Stéphanovitch) qui a bousculé le détachement de flanc établi à Karatova ; menacé en même temps d'être tourné à gauche par la troisième armée victorieuse à Katchanik, Zekki Pacha, après un dernier retour offensif, battait en retraite sur Uskub n'ayant pu réunir que 40.000 hommes tout ce que les lenteurs de la mobilisation lui avait permis de rassembler.

Le succès des Serbes était dû à la justesse de leurs dispositions et à l'incapacité de manœuvre à laquelle était condamné le commandement turc. L'artillerie Serbe

montra dans ce combat une écrasante supériorité sur l'artillerie turque ; l'infanterie de son côté eût un mordant
ex'raordinaire et travailla abondamment de la baïonnette.

Presque toute l'armée Serbe, près de 90.000 hommes se
trouvait concentrée pour attaquer la fameuse position de
l'Ovtche Pole ; mais Zekki Pacha, démoralisé, frappé des
effets terrifiants de l'artillerie serbe ne laisse qu'une arrière-
garde à Uskub qui le 28 octobre tombe entre les mains du
Prince Alexandre ; apprenant, entre temps, que sa division
de droite Kara- Saïd est aux prises vers Kotchana, sur la
Bregalnitza avec les Bulgares de la Strouma, Zekki Pacha
prend la décision, sous la protection de ce garde-flanc qui
résistera trois jours de se retirer au delà de Koprulu.

Mais, déjà le 29, Ichtip est atteint par les cavaliers du
Prince Karageorgevitch qui, le même jour s'emparent de
Koprulu où ils bousculent et dispersent une forte arrière-
garde turque.

Démoralisé par cette offensive brutale et par la menace
qui pèse de plus en plus sur sa droite, Zekki Pacha, à l'exception d'un détachement qui, coupé de sa retraite, s'est
enfui sur Tetovo, fractionne son armée qu'il divise en deux
colonnes qu'il dirige, l'une sur Salonique par la vallée du
Vardar, l'autre sur Monastir par Koprulu et Prilip.

Du côté Serbe, la poursuite avait commencée dés aprés le
combat d'Uskub où le roi Pierre I[r] vint faire son entrée officielle le 29 octobre.

Un fort détachement de la troisiéme armée fut jeté
d'Uskub sur Tétovo où il entra le premier novembre ; le 3
novembre il s'emparait de Gostivar et se dirigeait sur Kutchevo où il entrait le 6 novembre.

De Koprulu, le Prince Alexandre lançait une division le
long de la vallée du Vardar et suivait avec toute la première
et une partie de la troisième armée, la route de Monastir
par Prilip. (La deuxième armée se rassemblait et se tenait

prête à être embarquée pour Andrinople, où elle devait relever 2 divisions bulgares).

La division du Vardar eut à forcer la résistance d'une forte arriére garde à Demir-Kapu ou le 5e régiment serbe provoqua une débandade soudaine des troupes turques par l'impétuosité de sa charge à la baïonnette.

Cette porte forcée, la poursuite se continua sans résistance jusqu'au débouché de la plaine de Salonique à la station de Gumendje, au moment où les Grecs arrivaient à Yénitje le 4 novembre ; la colonne turque cernée mit bas les armes et fut faite tout entière prisonnière.

Le 8 novembre, la colonne serbe du Vardar entrait à Salonique en même temps que les Grecs.

Cependant le Prince Alexandre se portait de Koprulu sur Prilip où il se heurtait à un cops turc de 20.000 hommes. Il se battait le 5, le 6 et le 7 novembre, et finissait par se rendre maître de Prilip le 8 novembre après de furieux assauts à la baïonnette ; cette entrée à Prilip lui ouvrait, au Nord, la plaine de Monastir dans l'instant même où les issues de cette plaine allaient se trouver barrées, au Sud, par les colonnes grecques qui du Kailar et de Vodena s'avançaient sur Florina.

La colonne dirigée sur Tetovo, Gostivar et Kutchevo y a rejoint le détachement turc qu'elle poursuivait et aprés un combat de plusieurs heures l'a mis en demeure de mettre bas les armes.

Malgré l'hiver rigoureux de cette région, malgré le froid, malgré la neige, cette colonne lance un détachement vers le Sud et poursuit sa route sur Dibra où elle entrera le 17 novembre.

Au Sud de Prilip, le Prince Alexandre entre; le 14 novembre en collision, à 10 kilomètres de Monastir avec les troupes avancées de Zekki-Pacha.

La cavalerie suffit à déloger les avant postes qui se replièrent sur les hauteurs dominant Monastir au Nord et au Nord Ouest.

Le 15 novembre, les Serbes investirent les Turcs à Monastir ; pendant les deux jours que dura l'investissement, l'artillerie serbe dans un duel d'allure traînante, exploita sa supériorité et força l'artillerie turque au silence.

Le 17, les troupes turques, ainsi disposées : le 6e cops (Djavid Pacha) à gauche, la division de Ferik-Tewfik Pacha au Centre, le 7e corps (Zekki Pacha) à droite, furent attaquées sur tout le front

Les Serbes traversèrent le torrent de la Blata avec de l'eau jusqu'à la ceinture et abordèrent à la baïonnette les tranchées occupées par les Turcs.

Ces derniers, se dégageant péniblement, vinrent occuper dans la soirée, les hauteurs de Kieromalitza (1.250 mètres au N. O. de Monastir et de Krklina (1.200 mètres) voisine de la précédente et au Nord de la ville.

Dans la nuit du 17, les Serbes prirent d'assaut les 2 hauteurs précitées en en chassèrent les défenseurs.

Le 18 novembre, au point du jour, la division de droite des Serbes réussit à couper la route d'Okrida, 10.000 turcs tentèrent de s'ouvrir un passage vers l'Albanie; mais la division de la Moravaqui barrait le chemin defendit courageusement ses positions, puis repoussa l'ennemi sous les murs de Monastir après lui avoir mis 4000 hommns hors de combat.

Entre temps, la cavalerie marchant à l'aile gauche par la rive gauche de la Tcherna s'était emparé de vive force du pont de chemin de fer au S. E. de Monastir et venait couper aux Turcs leur ligne de retraite sur Florina.

Les Turcs alors se désagrégèrent et essayèrent de fuir par toutes les voies d'accès vers l'Ouest et le Sud-Ouest.

Mais, toutes les issues étaient gardées, et avant la fin de la journée : 43 officiers, 110 sous-officiers, plus de 5000 hommes, 22 canons et un matériel considérable étaient tombés entre les mains des Serbes qui, de leur côté, perdirent 5ooo hommes tués ou blessés.

La poursuite des divers tronçons de l'armée turque commença dès le 20 Novembre.

Une colonne fut lancée dans la direction de Florina ; pris entre les Serbes venant du Nord, et les Grecs venant du Sud, les Turcs mirent bas les armes.

Une autre colonne fut dirigée sur Resna et O Krida qu'elle occupa le 23 novembre, après y avoir fait prisonnier, un fort détachement turc. Cette même colonne poussant sur Struga, arrivera à Elbassan ayant aussi pour objectif Durazzo.

Ainsi fut atteint l'objectif final que les Serbes s'étaient proposés. Maîtres d'Uskub et de Monastir, de Prizrend et de Novi Bazar, sur le point d'atteindre Durazzo, objet de leurs convoitises maritimes, les Serbes vont pouvoir se reposer de leurs fatigues; réparer leurs pertes et compléter leurs approvisionnements.

Fidèles à leurs amitiés, ils ont envoyé trois divisions renforcer l'investissement d'Andrinople ; une de leurs colonnes collabore au siège de Scutari ; ils ont organisé le pays conquis et laissent entrevoir leur désir d'annexion.

Mais, l'Autriche deçue dans ses espérances, s'est élevée contre cette prétention justifiée ; se servant habilement de l'incident de son consul à Prizrend, elle a mobilisé 7 puis 10 corps d'armée face à la Serbie et à la Russie, et menace d'envahir la première.

Le roi Pierre met une sourdine à ses ambitions, s'en rapporte à l'Europe du soin de régler ce litige, mais prend ses précautions contre sa puissante voine. Il ramène, dans la région de Nich la presque totalite de ses forces en Macédoine ; il rappelle une de ses divisions d'Andrinople et réorganise son armée qu'il recomplète par l'appel sous les drapeaux de la classe 1913.

En attendant, l'armistice avec les Turcs est signé ; les pourparlers de paix sont engagés à Londres ; c'est un répit qui sera mis à profit par les alliés pour se préparer à une reprise de l'offensive contre les Turcs ou à résister aux menaces de l'Autriche.

Armée Bulgare

L'armée bulgare, commandée par le Tzar Ferdinand, avec le général Savof comme généralissime et le général Fitchef comme major général, était concentrée.

Première armée Général Ivanof { 5 Divisions, dans la région Seimen-Stara Zagora et devait opérer sur Andrinople ;

Troisième armée Général Dimitrief { 3 divisions, au Sud de Yamboli et devait opérer sur le front Andrinople et Kirk-Kilissé ;

Deuxième armée général Kutintchef { 3 divisions (dont 2 serbes), aux environs de Kustendil, devait opérer en Macédoine

Deuxième armée de Kustendil comprenait :

A. Le corps Kutintchef { 2 divisions serbes du 2e ban ; 1 division bulgare active (gén. Théodorof)

B. Corps Stépanovitch { 3 divisions Serbes.

Les parties du théâtre macédonien où ces forces vont porter leur effort sont : les vallées qui rayonnent autour de Kustendil d'une part ; et celles qui descendent vers Sérès, d'autre part. Ces deux directions différentes marquent les rôles respectivement assignés à chacun des groupements alliés.

Le corps de Stéphanovitch, comme nous l'avons vu, a suivi sans difficultés , car Zekki Pacha n'avait pas de forces importantes dans la région, la route de Kustendil à Uskub par

Karatova et Kumanovo que défend à la frontière le vieux château d'Egri Palanka.

Nous savons quelle fut la coopération de cette armée à la bataille de Kumunovo, je n'y reviendrai pas. Quant au corps Kutintchef, sa tâche fut plus rude. Il avait à s'établir fortement au chevet des 3 vallées qui s'épanouissent au sud de Dubnitza : La Mesta, la Strouma et la Bregalnitza.

Il force d'abord la passe de Djumaï-Daïla ; puis. passant dans le district de Razlog, il enlève le village de Mehouna « na notche » et descend jusqu'à Névrokop. Là le général organise la région, fait occuper Sérès, et pousse un fort détachement jusqu'à Salonique en vue duquel il arrive le 8 novembre, chassant devant lui les détachements de couverture de Tahin Pacha, lui coupant toute retraite vers l'Est et hâtant peut être ainsi la capitulation de ce dernier.

Plus tard, on verra cette division occuper Bouk et Drama, sur la voie ferrée de Constantinople et, vers la fin novembre, pousser une pointe à Gumuldjina. La Mesta ainsi tenue, le général Théodorof s'assurait de la Strouma où il occupait Melnih et Petchova, le 23 octobre.

Pendant qu'il faisait ainsi de l'air autour de Dubnitza et qu'il dégageait les avenues de Safia, le général bulgare faisait tenir la Bregalnitza, par les divisions serbes et, le 25 octobre, arrivait, par l'étape de Kotchana où il battait un fort détachement turc au rendez-vous des armées serbes sur l'Ovtche-Pole.

Tous ces mouvements simultanés et parfaitement coordonnés, constituaient pour Zekki Pacha une menace d'enveloppement que la reddition de Salonique allait rendre plus certaine et à laquelle il n'échappa que par une retraite ininterrompue jusqu'à Monastir.

Première Armée de la Maritza. — Au début de la campagne, Andrinople présentait pour les Bulgares le plus grand intérêt. Placée sur leur axe de marche, elle gênait leur dé-

ploiement stratégique, coupait leurs lignes de communications, prêtait à la fois un point d'appui et une couverture à la
concentration de l'armée turque ; enfin, soit qu'ils en fissent
l'investissement, soit qu'ils se contentent de la masquer, pour
se diriger vers le Sud, à la rencontre de l'armée d'Abdullah
Pacha, elle les obligeait à immobiliser une partie de leurs
forces qui pouvait leur manquer au moment du besoin.

Ces conditions défavorables se trouvaient aggravées de ce
fait qu'Andrinople avait été fortement organisée, mise en
état de soutenir un long siège et que, d'autre part, les équipages de siège des Bulgares étaient insuffisants pour mener
rapidement à bien une semblable opération.

L'examen de ces données décida le haut commandement
bulgare à tenter d'abord une attaque de vive force sur
Andrinople.

La première armée franchit donc la frontière le 18 octobre, se dirigeant sur Andrinople : un premier groupe, sous
les ordres du général Kirkof, par la vallée de la Moritza ; un
deuxième groupe sous les ordres du général Kutinichef, par
la vallée de la Toundja.

Le général Kirkof divisa ses forces en 3 colonnes, ayant
toutes pour objectif : Mustapha-Pacha ; les deux premières
colonnes, chargées du combat de front, suivirent les deux
rives de la Maritza et abordèrent Mustapha-Pacha par l'Ouest;
la troisième colonne qui devait aborder cette position par le
Sud, se heurta dans la matinée du 21 octobre à la garnison
du fortin de Kourtkeuï, le prit d'assaut à la baïonnette, en
extermina la garnison et entra en liaison avec les deux autres
colonnes au Sud de Mustapha-Pacha d'où les Turcs se retirèrent en désordre sur Andrinople.

Ce premier point d'appui enlevé, l'attaque de vive force
d'Andrinople fut ordonnée.

Le groupe de la Toundja descendant par les deux rives du
ruisseau devait opérer une violente diversion au Nord de la

place : le groupe de la Maritza, fut déployé à l'Ouest d'Andrinople, à cheval sur les deux rives de la Maritza et de l'Arda ; il reçut comme objectif le pont de Marach, pour les troupes qui suivaient la Maritza, et le fort Karagach pour la division qui suivait l'Arda par Doudzaros.

Les bulgares firent des efforts surhumains, attaques sur attaques, ils furent constamment repoussés. Reproduites les jours suivants, ces tentatives furent encore repoussés avec des pertes sanglantes, mais permirent néanmoins à la 1e armée de s'emparer des défenses avancées de la place.

Entre temps, la prise de Kirk Kilissé donnait à la 3e armée ses coudées franches pour lutter contre Abdullah Pacha ; les immenses approvisionnement saisis dans cette place supprimaient les inconvénients que présentait Andrinople pour les communications et les ravitaillements.

La résistance de cette place forte n'était plus dès lors que secondaire, et elle ne valait plus la peine des coûteux sacrifices d'hommes qu'on avait d'abord consentis. L'état-major bulgare décida par suite d'investir la place et fit venir les équipages de siège qui se déployèrent dans les secteurs Ouest et Nord-Ouest, entre Arda et Maritza et entre Maritza et Toundja. (voir carte numéro 6).

Dans le même temps, les troupes actives de la première armée, devenues moins nécessaires autour de la Place, mais indispensables en vue du coup à frapper à Lule-Bourgas. furent relevées par 3 divisions de réserve du 2e ban.

Le 30 octobre, le déploiement de l'équipage de siège étant terminé, l'investissement complet, le feu fut ouvert contre les ouvrages de Karaguez, Chair Tepe et Hadirlik, au N.O. de la Place, la partie la plus forte de l'enceinte. Cette même journée fut marquée par un combat extrêmement vif vers Marach où une sortie de la garnison fut repoussée avec de grosses pertes. (voir carte numéro 6).

L'armée d'investissement présentait alors le dispositif suivant :

a) Colonne de la Maritza - occupait le front Emerli, Supils-
tatar Doudzaros, Marach, Kadinkeuï, Havaras ;

b) Divisions de réserve - tenaient le front Havaras, Arnaut-
Keuï, Skenderkeuï, Emerli.

La place admirablement approvisionnée en vivres et en
munitions, défendue par 50.000 hommes commandés par un
chef énergique, Chefki-Pacha, luttera avec la dernière énergie, retenant sous ses murs 80.000 serbo-bulgares, car après
la victoire de Kumanovo, 40 à 45.000 serbes (la 2e armée)
sont venus relever les derniers éléments de la première
armée, partis pour renforcer l'armée de campagne de Dimitrief.

Nous laisserons ce corps d'investissement à sa tâche difficile pour suivre plus en détails les opérations de l'armée de
campagne.

3e Armée. — La 3e armée bulgare, Générel Dimitrief, concentrée au Sud de Yamboli, gagna la frontière par 6 routes
différentes ; le 21 Octobre, précédée de sa cavalarie, elle
occupait un front de 23 Kil. entre Odjako et Topeular. Le 22
au matin, elle commençait sa marche sur Kirk-Kilissé.

Le plan de Dimitrief était d'isoler Kirk-Kilissé d'Andrinople et de Lulle-Bourgas ; puis, de couper au Sud les communications et les lignes de retraite de l'ennemi.

Le 22 au matin, la 3e armée se mit en marche sur les deux
rives du Teke-Dere en 4 colonnes ; 2 colonnes d'une division sur chaque rive ; la 3e division en deux colonnes derrière les colonnes du centre et suivant les mêmes itinéraires
qu'elles.

Pour la facilité de l'exposé, je les dénommerai 1er, 2e, 3e 4e,
colonnes de la 1re ligne, en partant de la droite, 5e et 6e colonnes de la 2me ligne.

Chaque colonne avait sa mission et son objectif ; les 1res et
4me colonne devaient envelopper Kirk-Kilissé ; les 2me et 3me
renforcées par les 5me et 6me devaient opérer contre la ville
et les forts. (Voir Carte N° 7).

Le 22 Octobre, les 2ᵉ et 3ᵉ colonnes se heurtèrent contre des tranchées turques à Eski-Polos devant la 2ᵉ colonne et à Eriklar devant la 3ᵐᵉ. Cette dernière, dans un assaut irrésistible, culbuta la résistance turque qui se reporta un peu en arrière ; la 2ᵐᵉ colonne, au contraire éprouva une sérieuse résistance qu'elle ne put vaincre qu'après d'incessants assauts qui obligèrent la gauche turque à s'infléchir sur le front Eski-Polos, Petra.

A ce moment, la 1ʳᵉ colonne se heurtait à Selivglou à une colonne turque venant d'Andrinople ; elle l'attaquait aussitôt l'arrêtait, la fixait sur tout son front et, dans une attaque de nuit furieusement conduite la rejetait en désordre vers Andrinople.

La 4ᵐᵉ colonne, dans des chemins épouvantables, n'avait pu dépasser Almadrik.

Le 23, au matin, le combat reprit sur tout le front Pétra Eski-Polos, Eriklar où les Turcs, très-fortement retranchés ne purent être délogés que dans l'après-midi pour venir se reformer sur une 3ᵉ position, en avant de Kirk-Kilissé, entre le village d'Eraklissa et le ravin de Teki Dire.

A 8 heures du soir, en pleine nuit, par une bourrasque épouvantable deux bataillons de la 3ᵐᵉ colonne poussèrent une vigoureuse attaque sur la droite turque, au moment où la 4ᵉ colonne, enfin désembourbée et accourant au Canon débouchait de Atmacha.

Les Turcs, culbutés par cette double attaque, à laquelle ils ne s'attendaient pas, démoralisés et effrayés par la sauvagerie de ces abordages « na notche », lachèrent pied et, pris d'une panique folle, abandonnèrent Kirk |Kilissé, et ses immenses approvisionnements entraînant ses défenseurs et s'enfuirent dans les directions de Bunar-Hissar et de Baba Eski, semant sur leur route leur artillerie, leurs voitures, leurs munitions, leurs armes, jetant la ruine et l'incendie sur leur passage et entraînant dans leur débâcle les renforts qui arrivaient de Bunar-Hissard ; on prétend même, qu'au cours de cette fuite nocturne, les fuyards auraient ouvert le feu contre leurs renforts, les prenant pour une colonne bulgare qui cherchait à leur couper la retraite.

La profonde obscurité, le temps affreux, la fatigue extrême des troupes bulgares, l'absence de Cavalerie orientée tout entière sur Baba-Eski rendaient la poursuite impossible ; le feu s'éteignit, le contact fut perdu.

Le 24 Octobre à 6 heures, les 4 colonnes prirent leurs dispositions pour attaquer Kirk Kilissé et les deux forts qui la défendent au Nord ; ébahissement des assaillants ! les forts étaient vides d'hommes et de canons ; Kirk Kilissé ne comptait plus un défenseur ; l'armée d'Abdullah avait disparue.

La ville fut immédiatement occupée et les avant gardes pouussées jusqu'à Kavakli, Assembyli et Uskub Dere. Pendant ce temps, la 1re colonne, en liaison avec la 1re armée, laissait à cette dernière le soin de couvrir la droite de la 3e armée et se rabattait à l'Est, sur Kujun-Giaur.

Le 25 Oclobre la 3e armée marchant vers le Sud atteignait avec ses avant-gardes Jeni-Mahale, Cifti Mandra, Kavaldere et Uskub-Dere, tandis que la Cavalerie descendait par Baba Eski sur la voie ferrée Salonique-Constantinople.

Le 26, le Général Dimitrief accorde un jour de repos à ses troupes et cherche à reprendre le contact.

Le 27 les reconnaissances de cavalerie d'Aïrobol et de Rodosto confirment l'absence de tout detachement ennemi dans cette région ; ces renseignements négatifs, s'ajoutant aux renseignements positifs qui lui signalaient dans la direction de l'Est de gros rassemblements sur le front Tchorlou, Viza, montraient au généralissime Savof le danger de sa situation et le décidaient à opérer une grande conversion à gauche, en privotant sur sa 4me colonne. Pour les mêmes raisons, il orientait vers Lule Bourgas les 3 divisions de la 1re armée, relevées sous les murs d'Andrinople par ses divisions de réserve du 2e Ban,

Pendant que s'opère cette vaste conversion la 5e Divison, 3e et 4e colonnes Général Christof, s'installait à Bunar Hissard et s'y retranchait, sa mission était de servir de pivot à la conversion générale vers le Sud-Est, d'y tenir en respect les forces ennemies jusqu'au moment où toutes les autres Divisions entreraient en ligne.

Cette mission a évidemment, un certain sens défensif ; mais, le Général Christof est de cette école, si française qui prétend qu'on ne défend bien qu'en attaquant ; et, désireux de savoir ce qu'il a devant lui, donne l'ordre d'attaque le 28 au matin ; mais, à peine a-t-il gravi les pentes Est du ravin de Karagatch qu'il est arrêté net par un feu terrible partant de la lisière de la forêt de Soudjak ; il essaie à plusieurs reprises de déloger les Turcs de leurs tranchées ; n'y peut réussir ; ramène ses troupes à la tombée de la nuit sur la rive Ouest du Karagatch, et s'y fortifie de plus belle, décidé à ne pas céder à un ennemi qu'il juge massé devant lui et prêt à une offensive vigoureuse,

Le 29 Octobre la Division Christof supporte sans faillir les attaques furieuses de la droite turque ; le corps entier de Mahmoud Mouktar Pacha, soutenu par un corps de rédifs d'Anatolie, débarqué à Midia, se heurte aux défenses de la Division bulgare dont l'artillerie, par un feu écrasant, trace de larges et sanglants sillons dans les rangs épuisés de l'attaque.

Enfin, dans l'après-midi, la conversion s'achève et les divisions voisines viennent l'une après l'autre prolonger la 5me.

La Division du Centre s'installe en face de Karagatch et de Turk bey ; celle de droite s'étend jusqu'à Suranli.

Elles ont devant elle l'infranchissable fossé du Karagatch dont les escarpements dominants de la rive gauche sont solidement tenus par les Turcs,

Toute la soirée, toute la nuit, le combat continue ; attaqueś contre altaques et retours se succèdent sans modifier la situation des deux adversaires.

Le 30 au matin, la situation était la suivante :

Du côté Bulgare : toute la troisième armée est en ligne à l'Ouest du ravin ;

Du côté turc, les troupes s'étendent de Lulle-Bourgas à Viza, les 4e 1er et 2e corps en première ligne, le troisième (Mahmoud Mouktar) en réserve derrière le 2e corps et chargé avec le corps de rédifs de Midia, d'opérer une diversion sur la gauche bulgare.

Dès 8 heures, la lutte bat son plein sur tout le front ;. Abdullah Pacha, pour contenir les efforts de l'ennemi ordonne à son deuxièmè corps (Chevket Torgout Pacha) de marcher de l'avant avec tout son monde. L'infanterie turque pousse vigoureusement jusqu'aux tranchées bulgares, mais y est reçue par un feu tellement violent qu'elle reflue en désordre sur ses premières positions où elle se terre pour ne plus bouger.

A l'aile droite turque, la bataille se poursuivait avec un acharnement inouï ; on sentait que les Bulgares dégarnissant leur centre, accumulaient toutes les forces disponibles sur l'aile gauche pour les opposer à Mahmoud Mouktar Pacha.

Dans ce combat désespéré, l'artillerie bulgare finit enfin par prendre le dessus et dès lors, l'offensive du troisième corps turc était arrêtée.

Sur toute la ligne, la bataille continua, âpre, furieuse, accusant un très léger fléchissement du côté Turc. Enfin, dans l'après-midi, les 3 divisions Kutintchef de la première armée, accourues à marches forcées d'Andrinople, entrèrent en ligne s'avançant à cheval sur la voie ferrée, sur le front Douzoubrach-Suranli, couverte à droite par toute la division de cavalerie.

Les deux armées bulgares sont côte à côte, engagées à fond avec toutes leurs réserves générales ; par ci par là seulement quelques régiments en réserve de secteurs ; elles attaquent un front formidablement défendu par 150.000 turcs environ.

La nuit tombe cependant et la lutte est ioujours incertaine.

La tâche d'Abdullah Pacha, pendant cette terrible journée fut des plus délicates, des plus dures, des plus déprimantes.

Pour commander une armée s'étendant sur un front de 50 kil., il n'avait que le secours de ses officiers d'ordonnances ; pas une ligne télégraphique, pas une ligne téléphonique, pas un appareil de télégraphie sans fil, pas d'aéroplane ; pas un effort enfin n'avait été fait pour assurer même un relai de correspondance.

Durant toute la journée, il resta sans communications avec ses commandants de corps d'armée, sans nouvelles de Mahmoud Mouktar Pacha ; sans liaisons.

Le combat semblait s'éteindre, lorsque vers 21 heures, une brigade de la division du Centre parvient à pénétrer dans les tranchées turques de Turk bey ; elle s'y installe y résiste jusqu'au matin aux efforts désespérés des Turcs pour les en chasser ; à l'aube plusieurs batteries viennent l'y rejoindre et quand le jour paraît, le 31 octobre, 6.000 fusils et 10 canons sont au centre des lignes turques ; la gauche turque fléchit à son tour ; aussitôt le commandant de la première armée bulgare fait avancer sa droite qui parvient à glisser deux batteries jusqu'à Souzolis Mousselin, prenant complètement d'enfilade toute la gauche turque et l'obligeant à battre en retraite dans la direction de Tchorlou.

Cependant, la division bulgare du centre escalade à son tour les escarpements du Laragatch et se dirige sur Topchikeuï, prenant en flanc les défenseurs de la forêt de Soudjak et les réserves accumulées derrière la droite du deuxième corps.

Dans le même temps, une brigade de réserve, amenée à grand peine sur Jana parvient à se glisser à travers bois jusqu'à Soudjak et tombe à son tour, dans la soirée sur un corps de réserve, au bivouac, au sud de Soudjak et l'anéantit en entier.

Dès lors, la défaite turque tourne en panique et toute l'armée d'Abdoullah reflue en désordre sur la ligne Tchorlou-Saraï.

Les Turcs avaient perdu 40.000 hommes et abandonné une cinquantaine de millions de matériel portant l'inévitable firme « Made in Germany ».
Cette bataille de 5 jours mit en présence la méthode française (attaque centrale) et la méthode allemande (attaque enveloppante).

L'exposé ci-dessus me dispense de tout commentaire sur la supériorité de l'une ou l'autre méthode.

De part et d'autre, les troupes sont épuisées ; les Bulgares incapables de poursuivre parce qu'ils n'ont pas de troupes fraîches ; parce qu'ils ont besoin de réparer leurs pertes qui furent sérieuses ; de se réapprovisionner surtout, car ils ont fait une consommation effroyable de munitions, poussent très lentement leurs avant gardes en avant ; les Turcs de leur côté voient leurs forces morales disparaître et la démoralisation s'étendre sur leur armée.

Nazim Pacha prend en personne le commandement de l'armée de Thrace et s'apprête à lutter avec un immense courage contre un immense danger.

La situation tactique le plaçait, en effet, sur un terrain étroit, lui enlevant toute liberté de mouvements. Repoussé dans cet angle, il ne pouvait étendre les bras pour frapper, sans sentir à droite et à gauche le voisinage de la mer ; mais si elle le gêne pour sa manœuvre, il est secondé pour faire affluer ses renforts ; la mer Noire, en effet, se prête admirablement, en l'absence de toute flotte bulgare, au transport des Nizams d'Anatolie et des rédifs d'Erzeroum et de Syrie.

Nazim Pacha veut essayer d'attendre ces renforts, de reconstituer son armée, rétablir ses chances et reprendre par une vigoureuse offensive tout le terrain déjà conquis par les bulgares.

De l'autre côté, le général Savof a deux fois battu l'armée ottomane ; l'état moral de ses troupes, exalté par de si grands et si rapides succès, lui permet de tout tenter. Numériquement, il n'est qu'à égalité avec Nazim ; mais, il peut appeler à lui le corps serbo-bulgare de Kurtendil dont la tâche stratégique est terminée ; il peut emprunter plusieurs divisions à l'armée serbe devant qui Zekki Pacha, battu et privé de toute artillerie, ne compte plus. Tous ses alliés peuvent se donner rendez-vous en Thrace et y recommencer une nouvelle campagne ; la flotte grecque qui croise vers Dedeagatch assurera leur ravitaillement ; le gouvernement grec s'y est engagé.

Quoiqu'il en soit, dans leur molle poursuite, les Bulgares se sont arrêtés le 2 Novembre à Saraï et à Tchorlou où les derniers coups de canon de cette bataille de 5 jours furent tirés sur les arrières-gardes turques qui couvrirent la retraite des débris d'Abdullah Pacha derrière les lignes de Tchataldja.

Cette débâcle épouvantable provoqua un tel émoi à Constantinople que les ambassadeurs des grandes puissances, sur les instances de la Porte, demandèrent à leur gouvernement respectif l'envoi immédiat de croiseurs pour protéger leurs nationaux.

Le même jour la Turquie, aux abois, priait la France d'intervenir auprès des alliés pour obtenir un armistice, et interdisait l'entrée de Constantinople à la horde de fuyards qui menaçaient d'envahir la capitale ottomane.

Profitant, d'autre part, du répit que leur accordait l'armée bulgare, les Turcs renforçaient, derrière les lignes de Tchataldja, leur armée épuisée par des troupes fraîches venues d'Anatolie ; ils réorganisaient leur haut commandement, recomplétaient leurs approvisements ; réfectionnaient les défenses de leur front ; assuraient le fonctionnement de leur service d'intendance, du service de santé, et s'apprêtaient à défendre, jusqu'à la dernière extrémité, les ultimes défenses de leur Capitale.

C'est le 6 Novembre que les Turcs furent définitivement refoulés sur les lignes de Tchataldja.

Du 6 au 16 Novembre, les Bulgares, arrêtés en plein vol, par les pertes sensibles éprouvées en 3 semaines de campagne, à court de munitions, se reposent, recomplètent leurs approvisionnements, et appellent à eux tous les renforts disponibles ; c'est ainsi que 3 divisions serbes arrivées sous Andrinople, ont permis au général Ivanof avec ce qui lui restait de la première armée, de se joindre à l'armée de Thrace et d'envoyer une de ses divisions s'emparer de Demotica le 6 novembre, puis de mettre la main sur Rodosto.

Le 8 novembre, la troisième armée (général Dimitrief) avait atteint la région boisée au sud Ouest du lac de Derkos; elle occupait Tarfa et Kalfakeuï où elle se trouvait à pied d'œuvre pour attaquer soit Delijinus par Lazarkeuï, soit le versant Est du Kara-Sou par Dagiedridjé et Tchanakt-cha.

Le première armée (général Ivanof) s'étendait à l'Ouest de Tchataldja prête à attaquer le centre Turc entre Akbounar et Batcheiskeuï. (Voir carte numéro 8).

Deux colonnes indépendantes s'apprêtaient à soutenir le mouvement ; l'une, par Yenidze sur Bujuk Tchermedje, l'autre en suivant au plus près le rivage.

Le 12 Novembre, l'investissement des lignes turques est chose faite ; la première armée bulgare est au Sud, couverte par des détachements qui de Rodosto se sont portés sur Erekli et Silivri ; la troisième armée au Nord, couverte par un détachement qui d'Istrandja s'est porté sur Ormali et le lac de Derkos.

Devant elles, les fameuses lignes de Tchataldja.

Ces lignes furent fortifiées, après la guerre de 1877-78,

sous la direction technique de Blum Pacha et constituent la
défense la plus remarquable de Constantinople.

Elles s'appuient, au Nord, au lac de Derkos, au Sud, au lac
de Bujuk-Tchermedje qui réduisent leur longueur à 26 ou 28
kilomètres. Devant le front, une vaste dépression, en par i
marécageuse, est constituée par le Katareï, affluent de gauche du Kara-Sou ; cette dépression n'est franchissable, pou.
un assaillant venant de l'Ouest, qu'au centre, sur une bande
de 5 kilomètres et au Nord, à la ligne de partage des eaux
sur une largeur de 10 kilomètres.

Une quarantaine d'ouvrages semi-permanents, en assez
mauvais état, dominent les pentes Est de la dépression ; ces
ouvrages sont armés avec des pièces d'artillerie, prélevées
un peu partout ou qui dormaient dans certains fort- des Dardanelles ou du Bosphore ; on y utilise aussi les 50 pièces du
Creuzot, destinées aux Serbes et saisies à Salonique au début
de la Guerre ; à défaut d'obus de 75 $^{m}_{l}{}^{m}$ on alimentera ces
pièces avec des projectiles Krupp ; enfin, fait à retenir, pour
assurer le service des pièces arrivent de nombreux officiers
allemands, malgré l'engagement formel de neutralité pris par
l'Allemagne.

Le 15 Novembre, quelques rencontres heureuses permirent aux Bulgares de repousser à l'Est du Katareï les avant
lignes ottomanes et de disposer de toute la journée du 16
pour concentrer leur dispositif d'attaque.

Les flotilles turques embossées à hauteur du lac Derkos
et dans la rade de Bujuk Tchermedje, gênèrent cette concentration, au Nord et au Sud, mais ne l'enrayèrent pas.

Le 17 au matin, la gauche bulgare, partant de Djebelkeuï
et de Tarfa se porte en avant et parvient à Delijinus d'où
elle est ramenée par un vigoureux retour offensif de Mahmoud Mouktar Pacha jusqu'à Lazarkeuï et Dadjemidje.

Le 18, le lendemain, les Bulgares, grâce à deux violentes
attaques conservèrent leurs positions avec même un certain
avantage. C'est au cours d'une des nombreuses contre-atta-

ques exécutées par les Turcs et conduite par lui-même que Mahmoud Mouktar Pacha fut grièvement blessé et évacué sur Constantinople.

Au centre, l'action fut des plus meurtrières ; mais de part et d'autre, les troupes restèrent sur leurs positions ; à droite, l'offensive bulgare sombra, dans les marécages du Kara-Sou, sous le feu meurtrier des Turcs, et prise d'enfilade par la grosse artillerie des croiseurs turcs, échoua complètement.

En somme, l'armée turque, sous le commandement de Nazim Pacha avait tenu bon, sur ses positions :

le premier corps (Yavir Pacha) de Bujuk Tchermedje à la passe d'Ahmed.

le deuxième corps (Chefket Tourgout Pacha) de la passe d'Ahmed à Yasboren.

le troisième corps (Mahmoud Mouktar) de ce point à la mer.

le quatrième corps (Abouk Pacha) en réserve derrière le deuxième corps.

Trois autres corps se forment en deuxième ligne ; mais parmi ces unités de réserve et probablement apporté d'Asie par elles, viennent d'éclater la dyssenterie et le choléra ; c'est par centaines que tombent journellement les victimes de ces deux fléaux.

Le 19, se passe en un duel d'artillerie sur tout le front, et absolument inefficace d'ailleurs de part et d'autre. Le soir, les Bulgares abandonnèrent toutes leurs positions péniblement conquises, et, sans raisons apparentes, se retirèrent sur les hauteurs de la rive droite du Kara-Sou, où ils se retranchèrent très fortement.

Pourquoi ce recul subit ?

D'aucuns ont prétendu que l'offensive du 18 avait pour but de reconnaître la force des lignes turques et le degré de démoralisation de l'armée de Nazim ; devant cette résistance inattendue et les fortes positions occupées, les Bulgares n'ont pas voulu tenter un assaut qui aurait été par trop meurtrier ; d'autres croient plutôt qu'affaiblis par les pertes énormes subies jusqu'à ce jour (on parle de 15.000 morts 20.000 blessés), insuffisamment approvisionnés en munitions, i's n'osent aborder un aussi gros morceau ; certains enfin affirment qu'ils souffrent aussi du choléra, et qu'ils ne tiennent nullemeut à s'installer au centre de l'épidémie.

Ne serait-ce pas simplement par raisons politiques et diplomatiques ?

L'Autriche, à tort ou à raison, veut s'opposer aux ambitions serbes, fait entendre sa voix et à l'appui de son véto, mobilise son armée ; la Roumanie de son côté, arme et se rapproche de la Bobrutcha.

Tout cela n'est il pas susceptible de faire réfléchir le tzar Ferdinand.

Les Turcs enfin ont engagé directement des pourparlers avec les Bulgares ; le roi Ferdinand est délégué par ses alliés pour traiter en leur nom à tous ; seule, la Grèce conserve sa liberté d'action dans la discussion qui va s'ouvrir pour arrê.. ter les clauses d'un armistice au cours duquel se discuteront ensuite les conditions de paix.

Pendant toute la durée des pourparlers qui se rompent et se reprennent, où les prétentions incomplètement justifiées des alliés sont vivement combattues par les Turcs, les opérations continuent en Macédoine, en Epire, en Albanie et à Scutari.

Pendant que les plénipotentiaires causent, le canon tonne, et Bulgares et Turcs renforcent leurs positions.

Les Turcs, forts de 110.000 hommes concentrés au N.O. de Constantinople, sont passés d'un abattemeut excessif à un optimisme presque exagéré ; ce recul des armées bulgares est considéré par eux comme une victoire, et ils se reprennent à espérer.

Leur moral s'est relevé ; et, malgré le choléra qui cause des ravages effroyables, le service de l'intendance, le service de santé, le service de ravitaillement commencent enfin à fonctionner régulièrement.

Les Bulgares, de leur côté, ne restent pas inactifs.

Le 22 Novembre, une brigade de la première armée s'empare de Feredjik d'où elle fait occuper les jours suivants Dedeagatch et Malgara, déblayant ainsi tout le terrain pour permettre l'éventualité d'une opération contre Gallipoli, dans le cas d'une reprise des hostilités. A la même date, la flotte grecque transporte de Salonique à Dedeagatch, deux brigades de la division Théodorof ; ces deux brigades sont destinées à compléter l'occupation de la côte septentrionale de la mer de Marmara, occupation rendue nécessaire pour couvrir le flanc droit et les derrières du dispositif bulgare contre des débarquements turcs possibles au sud de Rodosto.

Du côté d'Andrinople, l'investissement se resserre, le bombardement reprend de plus belle, les attaques se font plus violentes, la résistance plus acharnée ; et pendant ce temps, les négociations continuent.

Rompues le 23, elles reprennent le 24 ; à la même date, le roi Ferdinand, voulant peser sur les négociations, décrète la levée de la classe 1913 pour le théâtre des hostilités ; c'est un appoint de 60.000 recrues qui vont venir infuser un sang plus jeune et plus ardent aux troupes anémiées par 40 jours de campagne.

Entre temps, la diplomatie européenne entrait en jeu ; les Puissances se mêlaient de la partie.

On sentait que la Guerre balkanique allait finir.

En fait, le 2 décembre, un armistice était signé à Hadem-keuï, entre la Turquie et les Etats alliés, aux conditions suivantes :

1· Les belligérants restent sur leurs positions ;

2· Les forteresses assiégées ne seront pas ravitaillées et ne recevront pas de munitions ;

3· L'armée bulgare recevra des ravitaillements et des munitions par la mer Noire et par Andrinople ;

4· Le ravitaillement commencera 10 jours après la signature de l'armistice ;

5· Les négociations de paix commenceront à Londres le 13 décembre.

La Guerre balkanique était virtuellement finie. Elle se finissait à la façon d'une tragédie antique. Les pauvres Turcs dévorés par un mal implacable, deviennent les vaincus de la fatalité. On oublie leurs erreurs et leurs fautes pour ne songer qu'à l'horreur de leur armée dévastée par le fléau.

Les Bulgares ont reculé devant la hideuse vision de la peste : et maintenant les deux armées se regardent sans oser s'aborder.

Je terminerai, à cette date du 2 Décembre, l'étude des opérations militaires ; et, sans me préoccuper de la question diplomatique qui s'est greffée sur ces évènements, question diplomatique qui voit s'éclore : un différend austro-serbe, un differend austro-russe, un différend gréco-italien ; qui fait naître l'autonomie d'un nouvel Etat balkanique : l'Albanie ; qui obscurcit l'horizon politique de l'Europe, au point de nécessiter la mobilisation partielle de 3 grandes armées ; qui nécessite enfin la réunion à Londres d'une conférence de diplomates. J'aborderai le dernier chapitre de cette conférence.

CHAPITRE VII

Enseignements à tirer de la Guerre Balkanique

En suivant l'ordre chronologique des faits, une chose frappe, dès l'abord, l'esprit de l'observateur.

C'est, dans les Etats alliés, un travail soutenu et assidu de réorganisation politique et militaire ; leur ennemi commun, l'ennemi séculaire c'est le Turc ; pour chasser le Turc, ils consacreront leurs derniers emprunts à doter leur armée du matériel le plus perfectionné ; ils s'inspireront des doctrines vers lesquelles leur tempérament et leur caractère les pousse : la doctrine française ; ils feront taire leurs revendications réciproques ; et, trop faibles individuellement pour lutter contre le colosse turc qui les tyranise sans cesse, ils s'uniront, consacreront une alliance à laquelle, jusqu'au dernier moment, la Porte et les Puissances elles-mêmes resteront incrédules, tellement elle leur paraît inconcevable. Dans une poussée de chauvinisme, habilement entretenu par de nombreux agents, où la question religieuse joue son rôle séculaire, les peuples balkaniques, enfin prêts pour la lutte qu'ils ont rêvée depuis 450 ans, se lèvent en masse contre l'envahisseur et déclarent la guerre à la Turquie.

Cette dernière a vécu au milieu de dissensions intestines : la révolution récente qui a amené les Jeunes Turcs au pouvoir, n'a rénové ni l'esprit ni les institutions ; l'armée, théoriquement, se réorganise d'après les plans de la mission allemande ; mais, en réalité, tout va à veau l'eau ; les services de l'arrière ne sont pas organisés, le service de santé n'existe pour ainsi dire pas, l'intendance n'a de réel que le nom ; les troupes elles-mêmes sont désorganisées par l'envoi de nombreux détachements en Tripolitaine, dans les îles, en Macédoine et en Albanie où il faut étouffer les révoltes latentes. sur les frontières de Perse et d'Afghanistan où des ferments séparatistes se font sentir.

Les hostilités s'ouvrent ; l'armée turque ne peut mobiliser ses forces qu'avec une extrême lenteur ; ses transports d'Asie Mineures en Macédeine sont interceptés par la flotte grecque qui arrête aussi les transports de charbon à destination des chemins de fer d'Asie Mineure.

Faute de préparation suffisante, l'armée turque est surprise en pleine formation et fatalement vouée à la défaite.

Du côté des alliés, au contraire, on assiste à une mobilisation dont tous les rouages, admirablement agencés, jouent sans grippements ; tout est prévu, même l'enthousiasme de la population qui voit dans cette guerre l'ère d'une vie nouvelle qui apportera plus de bonheur et plus de liberté à leurs frères de Macédoine.

Les hostilités sont ouvertes ; dès le début, s'affirme la supériorité des arméees bien organisées, bien préparées à leur tâche, bien instruites, bien entraînées et bien commandées.

Sur tous les théâtres d'opérations, grâce à un service de renseignements parfaitement organisé, on connaissait les emplacements turcs, leurs forces, leurs groupements ; parfaitement renseignés, les généraux alliés prirent résolument l'offensive, courant droit sur les objectifs choisis, négligeant les objectifs secondaires, les masquant pour atteindre plus vite et plus fort l'objectif principal, l'armée ennemie.

Après un mois de campagne, on voit s'écrouler la puissance ottomane.

» Cette catastrophe non spontanée, écrit le lieutenant-colonel Rousset, ne s'est pas produite sans causes profondes qu'il est bon de connaître.

» Les Turcs avaient négligé leur puissance militaire ; leur armée n'était qu'une façade rafistolée à l'allemande, c'est-à-dire avec des matériaux qui ne lui convenaient pas.

» Les instructeurs berlinois avaient apporté leurs méthodes et leur système ; ils ont voulu les imposer par la force à un corps d'officiers qui avaient ignoré jusqu'alors les rudesses du caporalisme prussien. Plus de 2.000 officiers furent rayés des cadres et remplacés par de jeunes arrivistes qui cherchèrent à s'assimiler sans le digérer le rudiment germanique. Malheureusement ces jeunes muscadins négligèrent de s'occuper du soldat, qui, ne reconnaissant plus ses chefs, a perdu confiance et, ne se sentant plus soutenu, a fui.

» Voilà la première action réflexe de cet essai d'introduction dans les habitudes orientales, des procédés étrangers qui les choquaient.

» Il y en a d'autres dont les effets ont été aussi meurtriers.

» Les généraux turcs ne se sont pas infusés les théories allemandes ; ils ne les ont pas comprises.

» La doctrine germanique, on le sait est basée sur l'enveloppement à outrance. Elle cherche d'abord l'aile ennemie
pour la déborder ; en face d'un adversaire manœuvrier, cette
combinaison peut être périlleuse ; mais du moins, elle doit
être précédée d'une concentration rapide, complète, et la
mise en œuvre intégrale de tous les moyens d'action.

» Or, les Turcs ont bien esquissé une vague opération de ce
genre, mais avec une telle insuffisance préparatoire, une telle mollessse d'exécution, un tel oubli des préoccupations nécessaires que leur grand instructeur a dû en frémir.

» On sait que les Turcs avaient disséminé leurs forces;
présents partout, ils n'étaient forts nulle part ; mais ils ajou-
taient une foi aveugle dans leur plan de campagne qui se ré-
sumait ainsi : (réunion de toutes les forces disponibles de la
Thrace et de l'Asie Mineure sur le front Andrinople-Kirk
Kilissé dont les deux flancs sont appuyés aux deux forteresses ; de là, marche offensive contre les Bulgares *qu'on sup-
posait devoir attendre l'attaque derrière la Maritza,* et enfin
enveloppement de leur aile gauche par les vallées parallèles
qui remontent vers les Balkans).

» C'était la conception classique, la solution doctrinale au
sens germanique du problème posé.

» Malheureusement, la concentration prévue ne put se faire
et pour cause. Il n'existait ni organisation des transports par
voies ferrées, ni services d'alimentation et de ravitaillement,
ni magasins, ni hôpitaux, ni même mobilisation assurée.

» Après la malencontreuse affaire de Kirk-Kilissé, les
généraux turcs se sont montrés de plus en plus faibles, de
plus en plus égarés ; ils ont subi passivement la destinée.
Ayant échoué dans leur première concentration, opérée
beaucoup trop près de la couverture, ils pouvaient en
essayer une autre plus en arrière, sur l'Ergenne ou même
sur les lignes de Tchataldja, quitte à reprendre l'offensive
plus tard.

» Point ; ils ont continué de se faire battre en détail à Bunar-Hiser, à Baba-Eski, à Lulle-Bourgas. Ce n'est que sous la pression de l'ennemi qu'ils ont fini par occuper la dernière ligne de résistance derrière laquelle leurs malheureux débris se sont réfugiés, épuisés, affamés, abattus, désespérés, offrant une proie facile à l'épidémie qui les guettait ».

Du côté adverse, au contraire, on voit les Bulgares négliger les objectifs secondaires pour se consacrer tout entier à la réalisation du programme arrêté. Certains se seraient attardés devant Andrinople. Eux, évitent cette faute. Ils voulaient aller à Constantinople ; ils y vont et par le chemin le plus court, en bousculant la principale armée ennemie, Andrinople est sur leurs derrières et se défend énergiquement, qu'importe ! on la masque et on poursuit son but.

C'est bien là une doctrine française.

Plus tard à Bunar Pissard et Lulle-Bourgas, nous voyons les Bulgares accrocher l'ennemi, le prendre à la gorge, l'immobiliser, l'attaquer sur tout son front, puis percer sur son point faible de Turk bey. C'est encore un principe de la doctrine française, qui a l'avantage d'écarter toute idée préconçue, de permettre à l'assaillant de n'opérer qu'à bon escient ; qui assure au commandement la liberté et l'indépendance dans le temps et dans l'espace.

La défaite des Turcs n'a été aussi foudroyante que parce que les Bulgares ont mené la guerre, non seulement avec furie, mais avec la conception exacte de ses nécessités et de ses lois : terroriser l'ennemi par la soudaineté et la vigueur de ses attaques.

Sur les divers théâtres, les opérations des alliés sont des modèles de conception et d'exécution ; le mérite de la première en revient aux chefs ; la seconde n'est aussi parfaite que parce que les armées de ces petits peuples ont reçu une organisation complète, régulière, basée sur le rôle qu'on leur destinait et une instruction que seules possèdent les troupes ayant une robuste instruction.

Dans cette campagne, on a attribué une influence pré-
pondérante aux mérites du matériel d'artillerie employé par
les alliés. Il ne faut rien exagérer. Que le canon français se
soit montré supérieur au canon allemand, c'est un fait certain qui doit flatter notre amour-propre national et grandir
notre confiance ; sans doute, les effets meurtriers de notre
75 à tir rapide étaient de nature à violemment impression-
ner ceux qui étaient soumis à son feu ; l'obus explosif, no-
tamment, produisaient des effets terrifiants ; il éclatait une
gerbe assez peu profonde, mais qui au point d'éclatement
produisai⋅ quelque chose de comparable à un coup de hâche
gigantesque, asséné perpendiculairement à la direction du
tir ; sans doute aussi, l'artillerie turque fut inférieure, mal
servie, mal approvisionnée, et vite réduite au silence par
l'artillerie adverse.

Ce n'est point là, le fait capital.

Ce qui a valu la victoire aux alliés :

C'est la capacité offensive de leurs armées d'opérations ;

C'est le moral élevé de leurs troupes, surexcité encore
plus par leurs premiers succès ;

C'est leur confiance en leurs chefs ;

C'est leur compréhension logique de la guerre, visant
l'extermination de l'ennemi, ce qui explique leurs fréquents
engagements à la baïonnette, « nà notche » « au couteau » et
les nombreux combats de nuit qui terrorisent leurs adversaires ;

C'est encore leur entêtement opiniâtre et agressif dans la
défense des ruines de Bunar-Hissar qui permit aux autres
divisions de la troisième armée d'arriver sur le champ de
bataille ;

C'est aussi la liaison parfaitement établie entre leurs
divers groupements du champ de bataille, ce qui ne fut pas
constaté du côté turc ;

C'est aussi encore la jeunesse de tous leurs généraux dont
l'âge varie de 43 à 50 ans ;

C'est le secret le plus absolu que les états majors ont conservé sur les opérations projetées ; il convient de remarquer à ce sujet la rigueur impitoyable avec laquelle a fonctionné la censure sur les communiqués des représentants de la Presse ; c'est qu'ils se sont souvenus des conséquences fatales que peut causer une divulgation intempestive ;

C'est enfin, la parfaite organisation de leurs multiples convois de ravitaillement qui leur permet de mener à bien des batailles, de 4 et 5 jours où il se fit une effroyable consommation de munitions.

Mais, il faut pourtant reconnaître que les résultats de la victoire eussent été bien plus complets, si après Kirk Kilissé, les Bulgares avaient pu disposer d'une force sérieuse de cavalerie ; lancée à la poursuite des débris de l'armée d'Abdullah-Pacha, elle les aurait sabrés, anéantis et les aurait empêchés de se reformer à Lulle-Bourgas d'abord, à Tchorlou plus tard et enfin à Tchataldja.

La guerre eut été terminée beaucoup plus tôt, la paix dictée aux Turcs sous les murs de Constantinople et 100.000 existences humaines sauvées.

Ce qui, par contre, a amené la défaite des Turcs :

C'est le manque d'organisation ; on ne voit, en effet, fonctionner ni service d'intendance, ni service de ravitaillement ni ambulances, ni hôpitaux de campagne ;

C'est l'insouciance des autorités militaires qui à 80 kilomètres de Constantinople laissèrent 4 corps d'armée sans vivres pendant 3 jours ;

C'est la pénurie d'officiers qui se fit surtout sentir pendant la débâcle ;

C'est l'absence de liaison autant morale que matérielle ;

C'est, prétendent les Turcs, le manque d'homogénéité de leur armée où l'élément chrétien, incorporé depuis peu, fut cause des paniques de Selioglou, de Kirk-Kilissé, de Lulle-Bourgas ;

C'est l'infériorité de leur matériel d'artillerie ;

C'est le défaut d'instruction de leurs troupes dont certai
·s, venant d'Asie Mineure, ne connaissaient pas l'emploi
·· 'eur fusil ;

C'est surtout et enfin l'absence de tout esprit offensif.

Tout en louant les troupes victorieuses de leur allant et ·
de leur bravoure, il y a lieu cependant de critiquer leur mépris par trop grand pour le feu de l'ennemi ; car, nombre
de leurs folles attaques leur eussent causé des pertes bien
moins considérables si elles avaient été suffisamment préparées par leur propre feu.

En résumé, notre attention doit être appelée sur un certain nombre de points déjà acquis, et que les guerres futures ne sauraient modifier.

(A) facteurs moraux. — Ils ont, une fois de plus, affirmé
leur importance. On ne peut pas nier, en effet, que l'offensive générale des alliés n'a pas influé sur les succès de leurs
armées ; d'autre part, personne n'osera nier que les premières défaites turques n'ont pas impressionné le moral des
troupes. L'initiative stratégique est une grande force ; elle
prouve la confiance que l'on a dans une préparation bien
faite et aussi la volonté d'imposer à l'adversaire le plan que
l'on a conçu.

(B) Organisation du haut commandement. — Du côté
turc, l'indécision, l'ignorance des chefs ; des dissentiments,
des jalousies viennent compromettre des qualités militaires
indéniables de courage, d'endurance et d'énergie farouche.

De l'autre côté, le commandement est entre les mains
d'hommes habilement choisis par le souverain, jouisssant
de toute sa confiance et de celle de leurs troupes ; imbus de
saines doctrines et joignant à une culture générale développée, toute l'activité physique que donne une jeunesse relative et que nécessite l'exercice de lourdes fonctions.

(C) *Cadres subalternes*. — Chez les alliés, les officiers sont à hauteur de leur tâche ; plusieurs sont allé puisser, dans les armées étrangères et surtout en France, une instruction militaire complète.

Chez les Turcs, l'insouciance règne ; les grades sont donnés à des jeunes gens sans autorité, incapables. De plus, des déficits considérables existent dans les cadres et rien n'a été préparé pour les combler. Les sous-officiers font aussi défaut ; et alors, l'armée turque, mal encadrée mal commandée, n'a pu, malgré son courage, résister aux premières épreuves et a cédé au découragement.

(D) *Patriotisme*. — Dès les premières jours, les épreuves, pour les alliés, ont été nombreuses, les pertes considérables ; tout a été supporté avec une résignation admirable. Pourquoi ?

Parce que ces peuples ont puisé dans leur amour de la Patrie une force irrésistible ; soutenue dans leur foi religieuse, ils sont partis jeunes et vieux, avec un enthousiasme indescriptible, une confiance absolue dans la justesse de leur cause et aussi avec la volonté de vaincre à tout prix.

Parce qu'il n'y a pas chez eux d'antimilitariste de marque pour prêcher la désertion et le sabotage de la défense nationale.

(E) *Services de l'arrière*. — La déplorable situation dans laquelle se sont trouvés les Turcs, au point de vue ravitaillement, montre avec quels soins doivent être organisés les services de l'arriere. Il ne faut pas attendre le cours des opérations pour rassembler les approvisionnements de toute nature nécessaires aux combattants, et aussi pour préparer les moyens de leur faire parvenir vivres et munitions journellement indispensables.

Les Bulgares eux-mêmes, ont eu, sous le rapport des munitions d'artillerie, à regretter de voir leurs prévisions dépassées, ce qui a amené, en partie, la suspension de leur marche offensive. Pour les belligérants, les difficultés étaient exeptionnellement grandes ; les voies ferrées étaient rares, et les convois attelés de buffles ne pouvaient progresser que lentement sur des chemins embourbés et défoncés.

(*F*) *Le service de santé*. — Admirablement organisé du côté des alliés, a pu assurer la prompte évacuation des blessés dans les hôpitaux du territoire ; du côté turc, au contraire, on peut dire que l'encombrement des blessés entra, pour une large part dans l'apparition de l'épidémie qui décima leurs forces derrière les lignes de Tchataldja.

(*G*). — La guerre actuelle a enfin mis en relief l'action de plus en plus décisive de l'offensive ; c'est elle et elle seule qui assure toujours le succès.

L'assaut, on a pu s'en rendre compte, ne reste plus une simple menace ; c'est une réalité dans laquelle la baïonnette joue le rôle principal.

L'axiome de Souvarof avec une légère variante a encore du vrai : « La balle est parfois folle, la baïonnette est toujours sage ».

Entretenons donc fidèlement le culte de l'offensive et de la baïonnette, et, confiants dans les destinées de la France, élevons nos cœurs toujours plus haut.

« *Sursum Corda* »

L. FRIÉ
Chef de Bataillon au 15ᵉ d'Infanterie.

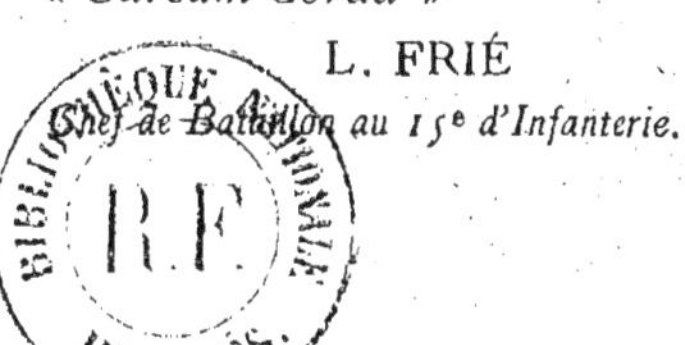